佐藤智明
矢島　彰
髙橋泰代
安高真一郎
山本明志
［編］

業界研究
学びの
ことはじめ

キャリア・
エデュケーション・
ワークブック

ナカニシヤ出版

はじめに

　このテキストは，経営や経済などのビジネスに関することを学ぶみなさんがセミナーで活用する目的で作成されています。

　大学では，卒業までの期間に2つの大きな目的を遂行します。1つは学業に専念し，学生生活の集大成ともいえる，卒業論文作成や卒業試験（国家試験など）合格を目指すことです。もう1つは，就職をはじめとした卒業後の進路を決定することです。この2つの目的を成就するために，すでに出版されている1年生対象の『大学 学びのことはじめ』では，高校までの基礎学習の復習や振り返り，大学生としての最低限必要な基礎知識や一般常識の修得を目指してきました。2年生のセミナーでは，一年間で身につけた知識や技術をベースに，さらに専門的な知識を身につけていきます。同時にSPIなど就職に向けての学習も始めていきながら，卒業後の進路についても，そろそろ方向性を決めていかなければならない時期になっていることも認識してください。

　このテキストは，ビジネスの根幹となる業界研究をするために必要な，基礎的な内容となっています。基本的な枠組みは，経営資源として必須の4本柱である，「ヒト」「モノ」「カネ」「情報」の理解，そしてビジネスに関わる「法」と「行政」，最後に情報発信力を向上させるための「数値データ」と「図解」を学んで理解を深めていきます。

　一般的に「大学で学ぶ」ということを，一言でいうならば，さまざまな学問を専門的に学習し，修得するということです。しかしながら，それ以外にも，ヒトとのコミュニケーションや仲間とのふれあい，体験を通じて，大人として，社会人としての人格を磨き，高めていくことでもあります。このテキストを活用することで，みなさんにとって新たな発見があり，すばらしい素養にさらに磨きがかかることを期待しております。

2016年3月吉日
編集代表
佐藤智明

❈❈❈本書で用いている記号❈❈❈

🔍…Webサイトでの検索をしましょう。本文中の用語をキーワードとして検索する場合は,「用語〔🔍〕」のように,検索のキーワードの直後に記号があります。【🔍用語1,用語2】のように記載されている場合は,【 】内の用語をキーワードにして検索してみましょう。キーワードの指示がない場合は,自分で考えてみましょう。

✐…書き込みのワークに取り組みましょう。本書はワークブックですので,テキスト内に書き込む部分が多数用意してあります。教員の指示に従って記入しましょう。

※本文中に記載されている社名,商品名及びサイト名は,それぞれ各社が,商標または登録商標として使用している場合があります。なお本文中では,TMや®などの記号は使用しておりません。

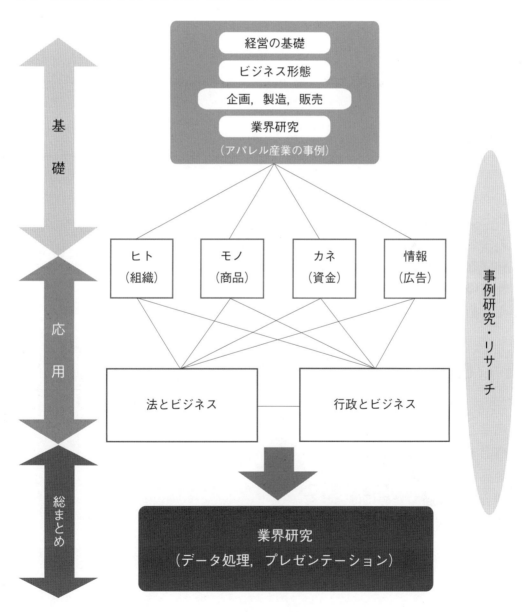

本書の構成

目次

はじめに 2

Chapter 0 イントロダクション　7

- ❶ 経営の基盤　7
- ❷ ビジネス形態　8
- ❸ 企画・製造・販売　9
- ❹ 事例：アパレル産業のケース　10

Chapter 1 ヒト（組織）　11

- ❶ ヒトという経営資源　11
- ❷ ヒトと組織の見方の移り変わり　12
- ❸ お金を求めて働くヒト：精密機械のような無生命の組織　13
- ❹ 仲間を求めるヒト：生命体のような組織　16
- ❺ 仕事にやりがいを求めるヒト　18
- ❻ まとめ　20

Chapter 2 モノ（商品）とビジネス　21

- ❶ 商品とは何か　21
- ❷ 商品を作るためには　24
- ❸ 商品を売るためには　26
- ❹ 競合他社に勝つためには　32
- ❺ 消費者の購買心理を知るためには　34

Chapter ❸ 資金（カネ）　　40

❶ ビジネスにおける資金のこと　*40*
❷ ファースト・リテイリングの財務分析　*46*
❸ 資金調達　*52*

Chapter ❹ 情報とビジネス　　57

❶ 小売業での経営情報システム　*57*
❷ 広報とブランディング　*61*
❸ コンテンツとビジネス　*66*

Chapter ❺ 法とビジネス　　69

❶ 取引・商談＝契約　*69*
❷ 会社の法律　*71*
❸ 雇用と労働の法律　*73*
❹ 労働衛生　*75*

Chapter ❻ 行政とビジネス　　80

❶ 主な行政機関　*80*
❷ ビジネスから考える行政に関する法　*81*

Chapter 7 情報発信力向上：数値データの理解と発信　　87

- ❶ 量の体系　　87
- ❷ 数値の比較　　89
- ❸ 変化・関係を説明する　　91

Chapter 8 情報発信力向上：図解　　94

- ❶ 文章から図解へ　　94
- ❷ グラフ　　96
- ❸ ダイヤグラム　　97
- ❹ 集合・論理　　98
- ❺ 業界研究のプレゼンテーション　　102

📝【考えてみましょう】　　103

Chapter 0 イントロダクション

　このテキストは，就職活動においても重要となる，業界研究や企業研究などの基礎を学ぶことを目的としています。

　業界研究や企業研究をするには，経営に関する基礎的な概念や知識を体系的に学び，これを土台として企業活動を理解することが必要となります。実際，私たちは朝起きてから寝るまでの日常生活において，企業が産み出す製品を利用しサービスを受けています。しかしある企業に就職するということは，サービスを受ける側から，逆に生産し販売する側になるということになります。アルバイトをしているみなさんは，サービスを提供する側の一部を担っているわけですが，ビジネス全体の流れをきちんと理解しているでしょうか。将来のことも見据えて，ここで経営に関する基礎をしっかりと学んでおきましょう。

❶ 経営の基盤

　企業を支えているのは，4つの経営資源である「ヒト」「モノ」「カネ」「情報」といわれています。つまり，この4つの経営資源について学ぶことが，業界研究の第一歩となるわけです。経営組織は，製品やサービスを産み出すために，この4つを有効活用して，自社独自の製品やサービスを私たち消費者に提供しています。

　少し具体的にこの4つの経営資源の活用について考えてみましょう（図0-1）。すべての企業は経営理念に，社会における企業としての存在意義を明記していますが，その理念にしたがって長期ビジョンをたて，経営戦略を策定していきます。その戦略を「ヒト」の面から描く際には，どのようなヒト（能力，年齢，性別など）を，いつ，どのくらい雇用するのかを考える必要があります。雇用した後も，高いやる気で働いてもらう必要がありますから，その工夫を考えなければなりません。

　「モノ」や「カネ」も同じです。ある製品を作るのに，どのような原材料や部品を，いつ，どのくらい，どの企業から購買するかということや，何に対して，いつ，どのくらいの資金が必要なのかを考える必要があります。また，その意思決定には「情報」が欠かせません。

　このように企業はこうした4つの経営資源を効率的に活用して，製品やサービスを生み出し，その対価として利益を得ているのです。これが企業活動の基本的な流れとなります。

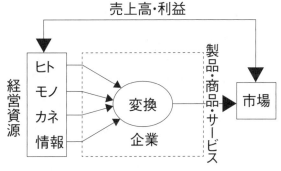

図 0-1　経営資源の活用と企業活動
（上林・奥林他（2007）に基づき筆者作成）

❷ ビジネス形態

　経営組織には，「パブリックセクター」と「プライベートセクター」の2つのビジネス形態があります。パブリックセクターは，国や地方自治体などの行政機関の組織です。病院や学校などの組織もこの形に近い組織です。また，最近増えつつあるNPO（Non-Profit Organization：非営利組織）という営利を目的としない組織も，パブリックセクターに分類されます。他方，プライベートセクターとは，民間企業のことを指します。みなさんが会社と聞いてイメージするのは，一般的には株式会社を考えるのではないでしょうか。確かに民間企業も多くの形態がありますが，ここでは株式会社をプライベートセクターとして考えます。

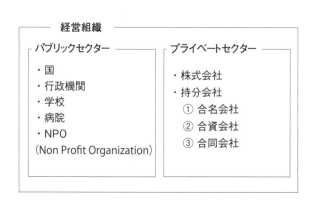

図 0-2　経営組織の形態

　それでは，この2つのビジネス形態の違いは何でしょうか。
　経営資源を有効利用して経営するという意味では，パブリックセクターもプライベートセクターも同じです。行政経営（public management）という用語もあるように，行政も経営視点が重要になっています。しかし行政組織は営利を追求せず，公共の利益のためにさまざまなサービスを提供する一方，民間企業は営利を追求する組織という見方が一般的です。次にもう少し，経営資源の違いから両者の違いをみてみましょう。まず大きな違いの1つが，資金調達の方法です。パブリックセクターである行政組織は，市民や企業から税という形でお金を徴収し，さまざまな行政サービスを提供しています。他方，プライベートセクターである株式会社では，株式を発行して市場からお金を集め，その資金と利益によって製品・サービスを生み出しています。したがって，株式会社においては健全な経営ができなければ，市場からお金を集めることはできず，また，利益も生み出せないため倒産に陥る可能性があります。
　もう1つの違いは，集めたお金の流れです。行政組織やNPOでは，税金や寄付などによって集められた資金はすべて事業活動のために使われます。他方，株式会社が市場を通じて集めた資金によって得られた利益は，配当という形で，株主に還元しなければなりません。

❸ 企画・製造・販売

　企業が，消費者に向けて提供する製品やサービスを作るプロセスは，大きく企画，製造（生産），販売の3つに分類されます。ここでは，ものづくり経営学の第一人者である藤本（2004）の考え方から，このプロセスを考えてみます。

　経営学では，身の周りにあるすべての製品やサービスは，人が作った人工物であるととらえます。今，手元にある製品を見てください。人の手をかけずに出来上がった製品は，1つとしてないことに気づくはずです。そして，その人工物とは，人（企業にいる人）が何らかの機能を意図して設計し，媒体として表されたものと考えることができます。

　たとえば，スマートフォンには，通信機能の他にカメラ機能があります。OSやアプリをインストールする機能もあるので，メールやSNSといった情報サービスを利用できます。そうした設計情報が，スマートフォンという媒体（メディア）の上にのっているのです。飲食店というサービス業においても，接客やサービスに関するマニュアルが必ずあり，その情報が店員という媒体を通じて提供されています。つまり，あらゆる製品やサービスは，何らかの設計情報が何らかの媒体（メディア）の上にのったものととらえることができるのです。

　この考え方に従うと，企画（製品開発）とは，「設計情報を創造すること」になります。今みなさんが着ている衣服にも設計図と設計情報が必ずあります。つまり，企画とはその設計図を作ることであるといえます。次に，製造（生産）とは「設計情報を媒体に転写すること」です。衣服メーカーは必要な生地や糸，ボタンなどの媒体を買って，衣服を製造しますが，その衣服にも必ず設計情報があります。つまり，設計情報を生地などの媒体に写すことが製造（生産）ということになります。最後に，販売とは「設計情報を顧客に対して発信すること」です。販売員は単に製品を売っているのではなく，設計情報を媒体（メディア）にのせた形で発信しているといえます。

図0-3　設計情報の循環としての製品開発（アパレル産業）
（藤本（2004）に基づき筆者作成）

❹ 事例：アパレル産業のケース

ここではアパレル産業のケースから経営の仕組みを考えてみましょう。アパレル産業とは，衣服を製造，販売する企業のことです。図0-4は，みなさんもよく知っているユニクロのビジネスモデルです。

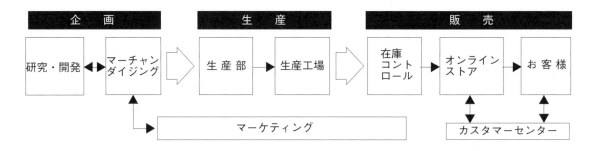

図0-4　ユニクロのビジネスモデル[1]

ユニクロは衣服の企画から生産，販売までを一貫して行うSPA（Specialty store retailer of Private label Apparel：製造小売企業）という形態で事業をすすめています。従来，アパレルメーカーは衣服を製造した後は，百貨店やセレクトショップなどの小売業に販売を委託していました。これに対して，SPAであれば百貨店などの意向や商談に従う必要がないため，自社独自のブランドで品揃え，プロモーションを展開することができます。また，企画段階から消費者のニーズをとらえ，生産から販売まで無駄なく即座に対応できるメリットもあります。さらに，卸業など既存の流通経路を通さずに消費者に製品を届けることができるために，価格を抑えることも可能となります。

たとえば，毎年冬にヒットするヒートテックの開発・販売の流れを例にとると，素材メーカーの東レと企画や価格などを交渉しながら，デザイナーや販売促進担当，生産部門のスタッフとともに商品企画を進めます（マーチャンダイジング）。その後は，素材を調達して，外部の生産工場にヒートテックの生産を委託します。同時に品質管理も行います。生産された製品は，オンラインストアや各店舗で販売されますが，販売状況と在庫状況をチェックしながら在庫が管理されます。製品は余っても，逆に不足するのも望ましくありません。価格を抑えながらも高品質で多様な製品を，必要な時に必要な量だけ生産し，管理していくことが効率的な経営となるのです。

1）ファーストリテイリングのホームページ「ユニクロのビジネスモデル」〈http://www.fastretailing.com/jp/group/strategy/uniqlobusiness.html〉に基づいて作成（閲覧年月日：2015.8.5）。

Chapter 1 ヒト（組織）

本章では，経営資源の1つである「ヒト」と組織のマネジメントを学びましょう。まず，ヒトという経営資源はどのような特徴をもち，そもそも組織とは何なのかについて，経営学の理論や学説を紹介しながら説明していきます。

1 ヒトという経営資源

ヒトという経営資源がその他の資源と異なるのは，感情をもつという点です。モノ，カネ，情報という経営資源は，ヒトが動かそうと思えばすぐに動かせますが，ヒトについてはそうはいかない場合もあるでしょう。

たとえば，みなさんがアルバイト先で上司や先輩からある仕事の命令を受けたとき，渋々その仕事をしたことがあるかもしれません。渋々するような仕事は，そのペースも遅くなり，生産性が落ちることは明らかです。しかし，その仕事自体が好きな場合や，尊敬する先輩から指示された場合はどうでしょう。喜んで取り組んだ仕事は，あまり時間もかからず終了した経験があるのではないでしょうか。

【考えてみましょう】☞ 103 ページ

ヒトという資源は感情をもつために，そのマネジメントは他の経営資源を管理するよりも難しいのです。ただ，その難しさゆえに，ヒトのマネジメントを考えることの面白さがあるのです。製品やサービスを産み出すのはヒトであることから，ヒトという経営資源を考えることはきわめて重要なことでもあるのです。こうした当たり前と思われることも，経営学という学問分野では研究されてきました。また，ヒトがモノ，カネ，情報といったその他の経営資源を利用するという点も特徴です。「カネによってヒトは動く」ケースもありますが，組織にあるカネをどこに，どのように配分するかを決定するのは機械ではなく，ヒトです。製品を作るために必要な，さまざまなモノを調達するのもヒトであり，経営戦略やマーケティング戦略を策定する際に必要な情報を手に入れたり，調整したりするのもヒトです。

Panasonic（パナソニック：旧松下電器）を創業した松下幸之助は，「事業は人なり」「松下電器は，物をつくる前に人をつくる」と述べ，また多くの経営者も，「経営は人である」という類の言葉を残しています。このことからも，ヒトという経営資源の重要性は現場でも認められていることがわかります。

❷ ヒトと組織の見方の移り変わり

　実際に経営組織で発生する経営現象が，なぜ生じたのかを説明するのが，経営学理論です。まずは時代の変化に伴い，経営組織内でのヒトの管理が変化した一例を紹介します。かつて女性は，学校を卒業して会社に入っても，「結婚したら辞める」という一般的な考え方がありました。男女雇用機会均等法が成立したのが1988年，そしてその数年前から女性も男性と同様の条件で，雇用されることについての議論がなされていました。しかし，女性雇用の問題は，経営学ではそれほど研究されていませんでした。なぜなら，女性は「結婚したら辞める」と一般的に思われていたからです。その端的な例を表す表現に，「寿退社」などという言葉もありました。現在，働き続けたいと考える女性は増加していますし，「女性は結婚したら家庭に入るべきだ」と考えること自体が，古いともいわれています。また，このような考え方をする男性管理職は，女性の活躍を目指している現在の社会の中では，決して望ましい管理職とはいえません。

　このようなことから，経営学でもヒトの管理については，女性の活躍やダイバーシティ（多様性）などの研究領域がかなり増えています。身の回りのさまざまなメディアに，「働く女性のための○○」といった表現があるのに対し，「働く男性のための○○」という表現が少ないのは，こうした社会の変化の表れとみることができます。

　以上のように，ヒトや組織を対象に研究する経営学では，その時代の中で社会的に代表していると考えられている，価値観やモノの見方を前提として，組織現象をとらえます。しかし，その価値観やモノの見方は時代によって変化するために，その前提も変化しやすいのです（岸田・田中, 2009）。

　それでは，ヒトや組織に対するモノの見方の変化は，経営組織におけるマネジメントのあり方に，どのような影響を与えたのでしょうか。

❸ お金を求めて働くヒト:精密機械のような無生命の組織

　経営学では,組織をどうみるかという「組織の見方」と,ヒトをどう見るかという「ヒトの見方」の2つの視点から前提を考え,マネジメント理論を生み出してきました。ここでは,組織の見方を「組織のメタファー(metaphor)」,ヒトの見方を「人間モデル」と表現します。メタファーとは英語の辞書に書いてあるように,「暗喩,隠喩」といった意味で,比喩,たとえのことを表します。みなさんは,はじめて口にする料理を食べたとき,それがどのような味かを人に説明しようとする場合,どのように表現しますか。おそらく,「○○に△△を足したような味」「□□に苦みを加えたような味」といったように,すでに食べたことがあり,また多くの人も知っているような料理をもとに,それに何かを足したりして表現したりしませんか。

　つまり,人間は未知のものに出会ったとき,すでに知っているものをベースに考えるようになっているのです。このように「……のような味」と何かにたとえて表現したものをメタファーといいます。「組織のメタファー」とは,「組織をたとえた何らかのもの」を意味しています。一方,「人間モデル」とは,「ヒトの働く動機」を表しています。

3-1　科学的管理法の成立

　経営学が米国で誕生(1900年代)した背景に,組織におけるマネジメントがずさんであったことが挙げられます。当時の米国は資本主義が発達し,大量生産・大量消費の社会システム,そして大企業勃興の時代でした。ただし,企業組織内のマネジメントの実態といえば,管理者のいい加減な管理(成り行き管理)によって,労働者の組織的怠業(サボること)が多発し,労使が協調するようなことはありませんでした。

　こうした現状はなぜ続いているのか,どのようにすれば改善できるのかを考えたのが,経営学の父とよばれるフレデリック・W・テイラー(Frederick W. Taylor, 1856-1915)でした。彼はエンジニアとして,日給の現場作業者から現場監督まで,さまざまな職種を経験したことによる「成り行き管理」の矛盾を知り尽くしていたからこそ,これを何とかしたいと考えていました。もっと効率的,合理的で,企業(管理者)と労働者の双方にとって望ましい管理方法はないかと考え,「成り行き管理」を排斥し,組織的怠業への対処策として,「科学的管理法」とよばれる管理方法を生み出しました。

　科学的管理法は,課業管理,職能化原理,差別的出来高制度などといった,管理法から成り立っていますが,その本質は従来,管理者の経験や勘に頼っていた管理を正確な測定に基づく合理的な規則によって,科学的に行うことにあります。

3-2　官僚制組織

　テイラーと同じ時代に生き,組織についての理論を提唱した社会学者に,マックス・ウェーバー(Max Weber, 1864-1920)がいます。ウェーバーは経営学者ではありませんでしたが,社会における支配と服従の関係から,資本主義における経済的合理性の実践的手段としての,組織の理念型を提示しました。それが官僚制組織とよばれる組織です。

表 1-1　官僚制組織の特徴

特徴	内容	官僚制の機能
規則の体系	職務上の義務や、その義務を果たすための権限、さまざまなポジションに就くために必要な条件などの一連の規則が存在する。	正確性 確実性 予測可能性 情実の排除 公平性 迅速性 慎重性 統一性 摩擦の排除
文書主義	記録として残るように職務や人事など、ありとあらゆることが文書を通じて行われる。	
明確な職務権限	誰がどの職務を担当するのかが明確に決められる。	
階層的権限体系	上意下達の命令系統が明確に決められた階層関係が存在する。	
専門的訓練	職務活動は、一定の専門的訓練を受けた人間が行う。	
没人格性	情実を生み出す人間的要素を排除する。	

　支配と服従の関係とは、組織の管理者が権限を使って組織のメンバーに命令し（支配）、組織メンバーがその命令に従うこと（服従）を意味します。ウェーバーは、組織がある目的をもち、その目的達成のための手段を合理的にするための組織的な行為を考えました。組織メンバーの感情を排除し、規則と命令に従って動かすことで、もたらされる結果が予測できることから、最も合理的で能率的な組織になるというものです。その特徴は、表1-1のようになります。

3-3　経済人モデルと機械的組織

　先に経営学では、理論の前には前提があると指摘しました。科学的管理法、官僚制組織といったマネジメント理論の前提は、人間モデルでいえば、経済人モデルに当たります。経済人モデルとは、「ヒトは経済的な利害によって動機づけられ、意思決定し、行動する存在であるとする人間観」です。誤解を恐れずにいえば、ヒトはお金によって働くことに動機づけられると考える立場です。

　学生であるみなさんは、「何のためにアルバイトをしていますか」と聞かれたら、どのように答えますか。おそらく「お金を得るため」という答えが多いでしょう。お金を得るという目的のために、アルバイトをするのはある意味当然ともいえます。そして今のアルバイトが、長時間の割に時給があまりよくないのであれば、そのアルバイトを辞めて、短時間でたくさん稼ぐことのできる割のよいアルバイトに移ることも簡単です。

　しかし、大学を卒業して社会人となったらどうでしょうか。日本の企業社会では、現在いる会社からもっと割のいい企業へと転職しようと思っても、難しいのが現状です。ある組織で、それなりに安定して稼ぐことのできる人は、何かしらの専門性をもっていたり、その組織に必要なスキルをもっていたりする人が多いのです。言い換えれば、今もっている専門性やスキルは、今所属している組織に必要なものであるため、その専門性やスキルを活かせる他の企業組織をみつけることは、難しいということなのです。

そうした専門的なスキルをもっている人に,「働くこと」についてインタビューすると,「スキルを高めて,お客様に喜んでもらいたい」という理由で動機づけられることが多いのです。企業組織でお金を稼ぐというのは,所属する組織を通じて社会に貢献することへの対価です。大学卒業後,およそ40年続く職業人生で,働く目的がお金のためだけというのはわびしいものです。とはいいつつ,現在でも,「家族を養うためにお金が必要で,そのために働く」という人が多いのも事実です。

ここでのポイントは,お金のために働くという経済人モデルは,決して古いものではなく,今日でも社会的に共有されている考え方であるということです。ただし,科学的管理法や官僚制組織が提唱されていた当時は,「人はお金によって動機づけられるものである」という考え方が,多くの人によって受け入れられていたということなのです。このような組織の見方は,機械的組織とよばれます。機械的組織とは,「組織は目的達成のために,ヒト,モノ,カネ,情報といった経営資源を,効率的・効果的に利用するというきわめて合理的なものである」という組織の見方です。そこでは,人は機械のように動き,組織の歯車として,何の疑問ももたずに命令に従います。そしてその命令になぜ従うのかといえば,その命令は組織の目的達成のための合理的なものであり,命令に従えば組織の目的が達成され,報酬としてのお金を得ることができるからです。

当時のこうした組織のあり方,労働者の働き方については,米国のチャーリー・チャップリンというコメディアンが,「モダン・タイムス」という映画で痛烈に風刺しており,組織のメタファーと人間モデルがよく現れています。ただし,ここでもこうした機械的組織として現れる,科学的管理法や官僚制組織が古いマネジメントだと言い切ることもできません。国や自治体,警察などの行政組織は,典型的な官僚組織であり,民間企業でも大きな企業になればなるほど"官僚的"な面が見られます。

たとえばスーパーに行けば,野菜担当,精肉担当,鮮魚担当,レジ担当など細かく職務が分けられ,科学的管理法の本質が現れています。ハンバーガーショップにおける店員のサービスはマニュアル化されており,誰に対しても同じ接客をします。公的機関では,今でも「お役人」仕事といわれるような,官僚的態度の応対を経験したこともあるでしょう。考え方や社会環境が変わった現在でも,科学的管理法や官僚制組織は依然として存在しているのです。

【考えてみましょう】☞ 103ページ

❹ 仲間を求めるヒト：生命体のような組織

4-1　科学的管理法の問題点

　テイラーによる科学的管理法は，労働者による組織的怠業の問題を解決するとともに，組織の生産性を飛躍的に拡大させ，そのマネジメント手法は広く社会に受け入れられていきました。しかしながら，しばらくすると新たな問題点も指摘されてきます。1つは労働者の働くことに対する気持ちです。科学的管理法は組織内の仕事を1人ひとりに課業として細かく分け（分業），その課業のやり方を動作・時間研究によって標準化し，決められたノルマを達成した場合に，賃金を支払うというものでした。そしてその人間観は，お金という報酬によって人は動機づけられるというものでした。しかし，ベルトコンベアによる流れ作業方式に代表される，細分化・単純化・無内容化された作業の結果，労働者は仕事の全体像がみえなくなり，働くことへのやる気がそがれてきました。つまり，仕事における効率を極度に高める仕組みは，一方で働くことへのモチベーションを低下させるという側面も明らかになったのです。

　もう1つの問題点は，外部状況の変化に弱いという点です。みなさんがアルバイト先ですぐに仕事ができるようになっているのは，仕事が単純化・標準化されているからです。具体的にいえば，どのようなアルバイトにもマニュアルが存在し，それによって誰でもすぐに仕事ができるように設計されています。ただし，予想外の状況が頻繁に発生するような場合では，マニュアルがあまり意味をもたないように，外部環境が激変するような仕事場では科学的管理法は機能しにくいのです。

　大量生産・大量消費の全盛期では，このような科学的管理法は企業の生産性を高めましたが，消費者の好みや価値観が多様化し，企業の戦略として多品種少量生産や頻繁に商品開発や生産の改良・改善が必要となると，「科学的管理法は本当に優れた管理法か」という疑問が生じるようになったのでした。

4-2　ホーソン実験と人間関係論

　このような疑問が生じる中で，ある実験が行われました。行動科学者のE.メイヨーが主導となり，米国の通信機会社であるウェスタン・エレクトリック社のホーソン工場で，「作業能率は何によって規定されるのか」という課題を明らかにしようとしたのです。

　さまざまな実験が行われましたが，照明の明るさや作業環境などの物理的作業条件が，生産性に影響を与えるだろうという当初の仮説は棄却されました。この実験で明らかになったことは，実験のために選ばれたという責任感や誇り，職場での良好な人間関係，非公式集団（インフォーマル・グループ）の良し悪しや集団規範のありようなどといった要因が職場全体の作業能率に影響を与えていたということでした。すなわち，仕事においては人間関係が重要であり，マネジメントする上では，企業組織における一体感，帰属意識，参画意識促進のための施策が必要になるということが示唆されたのです。「物理的作業条件を整備することで，機械の歯車としての人間は最高効率で働く」という古典的管理理論の命題を否定する形になりました。このことから，「ヒトは社会的集

団の中に作用する，心理・感情・欲求などに規定されて動機づけられ，意思決定し，行動する存在である」とする人間観，つまり「社会人モデル」が誕生することになります。

また，これまで精密機械のような構造組織が常に高い成果をもたらすとして，組織を機械メタファーととらえていた組織観も，この実験により挑戦を受けるようになり，ここで「有機体メタファー」とよばれる組織の見方が主張されるようになります。有機体メタファーとは，組織を「環境変化に適応しながら生存しようとする生物」として理解する組織観です。こうした人間関係や集団規範そのものは，管理者の管理行動によって管理できることから，経営管理論の学説としては，（初期）人間関係論とよばれます。今日の現実のマネジメントとして，モラールサーベイ，職場カウンセリング，職場懇談会，提案制度（たとえば QC サークル活動：Quality Control），その他各種の福利厚生制度の原型となっています。

図1-1　ウェスタン・エレクトリック社のホーソン工場（1925年）

【考えてみましょう】☞ **104 ページ**

❺ 仕事にやりがいを求めるヒト

5-1 自己実現モデル

みなさんが，スポーツや音楽などの，自分が好きなクラブ組織やサークルに所属し，その活動をすること自体が好きであったとします。そして，その組織にとても尊敬できる先輩や仲のいい友人がいたとしましょう。ある時，その先輩や友人が，何らかの理由で組織から離脱することになりました。あなたは，その友人とともに組織を離れますか。

確かに尊敬できる先輩や友人が組織からいなくなると，寂しい想いを感じるでしょう。しかし，あなたがその活動自体を好きであるならば，自分も辞めるということはしないのではないのでしょうか。

「自己の価値観の実現や欲求充足，特に自己実現欲求に動機づけられ，意思決定し，行動する存在である」とする人間観に基づく人間モデルを「自己実現人」といいます。この人間モデルでは，個人の自己実現や成長の欲求が，仕事を遂行する過程で満たされるような組織の仕組みを作りマネジメントをすることが，個人と組織にとって望ましいとされています。

5-2 マズローの欲求階層説

ここでは，自己実現人モデルを提唱したアージリスが，このモデルを提唱する際に依拠したマズローの欲求階層説を紹介しましょう（図1-2）。

マズローによれば，人間の欲求は階層をなしており，生理的欲求，安全欲求，社会的欲求，自尊・承認欲求，自己実現欲求といった，5つの欲求によって構成されると述べています。生理的欲求は文字通り，何かを食べたい，休みたいなど体が欲する，生きていくために必要な生理的な欲求です。安全欲求とは，危険を避けて安全に生活したいという欲求です。社会的欲求とは，社会とうまくやっていきたい，他の人と仲良くやっていきたいという欲求で，そうした欲求が人間には本来備わっているというものです。自尊・承認欲求は，他人から承認されたいという欲求です。以上の4つの欲求は，欠乏動機ともよばれ，欠乏すると必然的に求める欲求です。

そして人間は最終的には，自己実現を目指すようになります。自己実現の欲求とは，自分が目指すものを自分で成し遂げたいという欲求です。また，この欲求は生理的欲求，安全欲求，社会的欲求，自尊・承認欲求とは異なり，欠乏すると求めるという欲求ではありません。自己実現欲求は存在動機とよばれ，1人ひとりの人間がこの世に存在するための欲求であり，ある目標を実現したとしても，さらに高い目標を目指すといった欲求になります。さらに，下位の欲求が満たされてはじめて，上位の欲求を求めるという順序も指摘されています。生理的欲求が満たされていないのに，その上位の欲求を求めるということはないということです。

アージリスは，「ヒトは成長とともに，物質的な欲求だけでなく，仕事そのもののおもしろさや，仕事で得られる達成感，仕事を通じて得られる社会的承認などに強くモチベーションを感じるようになる」と述べています。現代の企業組織における人的資源管

理(Human Resource Management：HRM)では，個人をお金だけを求める「経済人」としてではなく，個人の自己実現を満たすために行動する「自己実現人」として，マネジメントする必要があると主張しました。

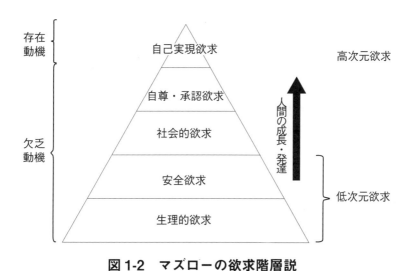

図1-2　マズローの欲求階層説
（金井（1999）を筆者修正）

【考えてみましょう】☞ 105ページ

❻ まとめ

　この章では，経営学を学ぶ上で重要なヒトに関する理論や学説について紹介してきました。それでは，このような理論や学説は，実際に企業ではどのように活用されているのでしょうか。

　日本を代表するような企業は，ヒトという重要な経営資源に対して，さまざまな取り組みを行っています。ユニクロ（ファーストリテイリング）もそのような取り組みを行っている企業の1つです。それでは，実際にユニクロのホームページを検索してみましょう。「人材に関する考え方」「ダイバーシティ（多様性）の推進」「人材育成」「働きやすく安全な職場づくり」の項目で，ユニクロのヒトに対する取り組みがわかります。

　ユニクロは，特に女性管理職の登用を盛んに進めています。女性が働きやすい職場を提供することも推進しています。ワークライフバランス，つまり「仕事と生活」のバランスを保つために，さまざまな制度を企業が提供し，長期的に従業員が働くことができるようにしています。たとえば，出産休暇や育児休暇を取ること，休暇終了後にも育児短時間勤務を可能にして，元通りに職場復帰ができるような職場環境を提供しています。さらに女性ばかりではなく，男性社員の育児休暇取得も推進しているのです。

　ここではヒトという経営資源が，その他の経営資源とどのように異なるのか，そしてヒトや組織をマネジメントする際の，人間モデルと組織観がどのように変遷してきたのかという点に注目してきました。注意すべきことは，時代によって特定の人間モデルや組織観が支配的であったため，現在でも経済人モデルや機械メタファーを前提としたマネジメントが根づいていることです。アルバイト先はもとより，これからみなさんが社会人になってから，新人の時代，後輩ができる時代，管理職となって人の上に立つ時代と年齢を重ねるにつれて，異なるマネジメントを経験します。それぞれの時代で仕事や働くことについて，必ず疑問や課題を感じることと思います。

　最近は，「ブラック企業」などとよばれる企業がマスコミで取り上げられるようになり，働くヒトの労働環境や労働組織が注目されています。つまり，労働者の権利や雇用条件を無視して劣悪な勤務状態を続けさせることが，社会問題に発展しているのです。企業が発展し成長していくために，ヒトは大切な資源です。社会の持続可能性（サスティナビリティ）を維持するために，そこに働いているヒトをしっかり育て，労働環境を整備していくことも企業の使命になっています。つまり利益を上げることだけが，企業の目的ではなくなってきたのです。

　多くの経営者が「企業（経営）はヒトである」と述べているように，その言葉の意味を経営学という学問から解明していくことも，業界研究の第一歩となるのです。

　【考えてみましょう】☞ **105ページ**

Chapter 2 モノ（商品）とビジネス

❶ 商品とは何か

「商品」とは何でしょうか。それは対価を得て顧客に効用や価値を提供する財を指します。立場や見方によっていろいろな定義がなされていますが，ここでの「商品」とは，「顧客に提供する価値ある「製品」や「サービス」のこと」と定義します。「製品」とは，対価を得て顧客に提供する価値ある有形の「モノ」であり，「サービス」とは，対価を得て顧客に提供する価値ある無形の「行為」です。たとえば，自動車や洋服のように，有形で購入後にその機能を常時利用できるものが「製品」であり，タクシーや美容院のように無形で，即時的にしか利用できないものが「サービス」です。ここでは，まずモノとしての「製品」に関して詳しく述べ，最後に「サービス」に関して説明します。

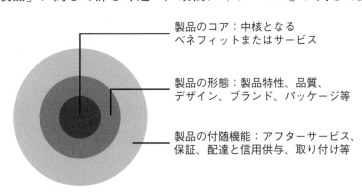

図 2-1　製品の構成
（コトラー・アームストロング（2003）より加筆修正）

マーケティングの世界では，製品の構成を図 2-1 に示す 3 つの要素に分けて考えます。
すなわち，図 2-1 に示すように，まず中心となるのが顧客に提供する本質的な「効用」（価値）である「コア」，それを包みこむデザインや品質などの「形態」，そして直接商品と関係はないが，顧客にとって重要な，アフター・サービスや保証などの「付随機能」です。

たとえば自動車で考えてみましょう。「コア」は「高速で自由な移動機能」であり，「形態」は「スタイル」「色」「燃費」「安全性」などです。そして「付随機能」は，顧客

① 「コア」：「高速で自由な移動機能」
② 「形態」：「スタイル」「色」「燃費」「安全性」など
③ 「付随機能」：「保証や保険」「自動車ローン」「アフター・サービス」など

図 2-2　乗用車の製品概念

が価値を認める「保証や保険」「自動車ローン」「アフター・サービス」などになります。

　商品を開発するときに最も重要なことは，常に自社商品の「コア」は何であるのかをきちんと定義し，これを消費者に適切に訴えなければならないということです。マーケティングの世界で有名な，「1/4インチのドリル」の話があります。マーケティング学者のセオドア・レビットが，『マーケティング発想法』（レビット，1980）の中でレオ・マックギブナの言葉を借りて，次のように述べています。「1/4インチのドリルが100万個売れたが，これは人々が1/4インチのドリルを欲したからではなく，1/4インチの穴を欲したからである。人は製品を買うのではない。製品のもたらす恩恵の期待を買うのである」と。すなわち，消費者はその商品から得られる，「本質的な効用・価値（ベネフィット）」を求めて商品を購入することを忘れてはなりません。

1-1　商品の分類

　商品の分類に関しては，いくつかの方法がありますが，最も一般的に用いられている方法は，商品の用途による分類です。商品は，その用途によって「消費財」と「産業財」に分かれます。

1 消費財

　消費財（Consumer goods）とは，最終消費者が使用する商品で，日々購入する食品や事務用品，衣料品，家庭用の家電商品，あるいは自家用車や住宅などがあります。

2 産業財

　一方，産業財（Industry goods）とは，個人を中心とする最終消費者ではなく，企業や組織が再加工して他の企業に再販売したり，業務用に使用するための商品を指します。たとえば，各種の工作機械や繊維メーカーがアパレルメーカーに販売する生地，鉄鋼メーカーが自動車メーカー用に販売する鋼板などがあります。また，業務用の事務用品やパソコン・プリンターなどの事務機器なども産業財になります。

　ここで，注意しなければならないのは，同じパソコンやプリンターでも個人に販売する場合には「消費財」になり，企業に販売する場合には「産業財」になるということです。これは，個人か企業かによって営業方法や販売方法が大きく異なるからです。

1-2　消費財の分類

　さらに，「消費財」は，消費者の購買慣習によって「最寄品」「買回り品」「専門品」に分かれます。これらを表にまとめると表2-1のようになります。このような商品の分類は，消費者の購買行動の違いによる分類であり，企業にとっては，商品ごとに販売方法を変えて対応していかねばならないものです。

表 2-1　消費財の分類

分類	特徴	例
「最寄品」	消費者が特別な努力をせずに日々購入するもので，単価が安く，近くの店で購入する商品	雑誌，洗剤，ティッシュペーパーなど
「買回り品」	消費者が購入に際し，いくつかの商品を比較検討して購入する商品	家電商品や家具，スーツなど
「専門品」	非常に価格が高く，購入に際しては，特別に商品情報を調べ，労力をかけて購入する商品	マンション，自動車，高級ブランド品など

1-3　サービスの特徴

　サービスは，通常見たり触ったりできないものであるため，これまで述べた製品と異なり，表2-2に示すようないくつかの特徴を持っています。たとえば医療サービスはみることが出来ませんし（無形性），医者が患者を診察するという行為と患者が診察を受けるという行為は分けられません（生産と消費の不可分性）。また大きな大学病院の著名な医師と個人経営の診療所の医師とでは，医療機器の水準も異なり，医療レベルに差があることが多いものです（ばらつき性）。さらに，医療行為が終わると医療サービスは消えてしまいます（消滅性）。

　表2-2に示すように，サービスは製品と異なり形がなく，生産と消費が同時進行するという特徴があるため，商品を販売する際に，マーケティング上の工夫が必要となってきます。

表 2-2　サービスの特徴
（Zeithaml et al.（1985：33–46）をもとに作成）

特徴	内容	マーケティング上の対応策
無形性（intangibility）	形がない	内容のビジュアル化（メニューの写真表示，模型展示）など
生産と消費の不可分性（inseparability of Production and consumption）	生産する時と消費する時が同時	予約制の導入，繁閑に合わせた価格の変更などによる需給の平準化
ばらつき性（heterogeneity）	人に依存している割合が多く，品質を一定に保つことが難しい	マニュアル化や技能講習，可能なところは機械化・自動化，顧客からのフィードバックを反映するなど
消滅性（perishability）	消費が終わると消えてしまう，このため製品のように在庫ができない	ホテルの料理などはセントラルキッチンで半製品を作成しておき，直前に仕上げるなど

2 商品を作るためには

新商品を作るための商品開発は、顧客のニーズに応えるため、研究開発部門や製造部門だけでなく、営業部門やマーケティング部門なども含め、企業の保有するあらゆる経営資源（人，モノ，カネ，情報）を総動員して行うものです。一般的に、商品開発のプロセスは次のような手順を採ります。

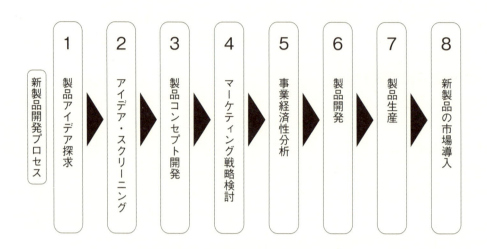

図 2-3　商品開発のプロセス

1 製品アイデア探求

最初の製品のアイデアを探求するプロセスでは、市場の「ニーズ」(needs) を調べ、顧客が求めている効用（価値）とは何かを探ります。これを実際の商品にする際には、同時に自社の保有する技術やノウハウなどの「シーズ」(seeds) を確認し、実現可能なアイデアを出来る限り多く出していきます。

2 アイデア・スクリーニング

次に、アイデア・スクリーニングの段階では、アイデア探求で出された多くのアイデアをさらに発展させるため、成功の可能性の高いアイデアに絞り込んでいきます。

3 製品コンセプト開発

アイデア・スクリーニングによって絞り込まれたアイデアは、誰に、いつ、どのようなベネフィットを提供するのかについて、そのコンセプト（基本概念）を具体的に明らかにしていきます。このコンセプトが顧客の購買理由になり、市場価値につながるからです。ここでは、特に競合他社製品との違いを明確化し、顧客に自社製品の優位性をどのように訴えていくのかを明らかにしていきます。

4 マーケティング戦略検討

ここでは，製品コンセプトに従って，誰に，いつ，どのように販売していくのかをマーケティングの観点から決定していきます。

5 事業経済性分析

ここまでの検討で，具体的な製品のコンセプトやマーケティング戦略，販売計画などが明確化されるので，ここで当該商品の売り上げシミュレーションをいくつかのパターンで実施します。これによって，売上高，利益なども具体的に明らかにし，経営戦略に基づく当初のマーケティング目標（売上高，利益，市場シェアなど）に合致しているかどうかを定量的に確認します。シミュレーションを通して，製品の性能や販売数量などを決めていきます。

6 製品開発

ここでは，基本的な製品設計を行うために，開発・製造・営業・マーケティング部門などが共同して，細かく規格を決定していきます。常に，製品コンセプトの実現に留意しながら当初の目的を達成できるように，詳細な企画に基づき試作品を作成します。

7 製品生産

試作品を作成後，通常の場合これを地域限定でテスト販売し，全国展開するための課題の発見，対応策の実施などを行い，最終調整を行います。この際，テストマーケティングも行い，具体的なマーケティング計画を策定します。

8 新製品の市場導入

これまでの検討で決定した計画に基づき，速やかに市場に製品を投入し，所定の売上高，利益，市場シェアなどの獲得を目指します。

❸ 商品を売るためには

　企業は営利活動を行っており，継続的に利益を上げていく必要があります。これは，商品を改善しながら適正価格で，継続的に社会に提供し続ける義務があるからです。企業は，商品が故障したり壊れたりした場合に，きちんと補修し，アフターサービスを続けていく必要があります。企業は，まず自社の経営戦略に基づき，参入する事業領域を設定します。すなわち経営戦略に基づき，中長期的な経営計画を策定し，コアとなる事業領域を決定します。そこで，標的とする具体的な参入市場を決定します。その際，よく用いられる分析手法が，「3C分析」とよばれる方法です。

　「3C分析」とは，表2-3に示すように，「顧客」(Customer)，「競合他社」(Competitor)そして「自社」(Company)という3つのCに関して，詳細な分析を加えて，競争に打ち勝ち，市場から評価してもらい，売り上げや利益などの自社の戦略目標が達成できる市場を選定するためのものです。「顧客・市場分析」では，市場の規模や成長性・収益性，顧客のニーズ，地域特性，流通チャネルなどについて詳細に分析し，標的市場を絞り込みます。次に「競合分析」では，競争企業の動向，市場の寡占度，新規参入の状況などについて詳細に分析し，競争優位を獲得できるかどうかを検討します。そして「自社分析」では，絞り込んだ市場の中で，自社の技術力，品質水準，資金調達力，販売力，取引企業や提携先などの競争力を詳細に分析し，これらを総合的に判断して，最終的な参入市場を選定していきます。また，具体的な商品を開発する際には，「誰に」「何を」「どう売るか」といったことを常に考えておかなければなりません。

表2-3　3C分析の概要

	外部環境分析		内部環境分析
	顧客・市場分析	競合分析	自社分析
内容	・市場規模 ・需要構造 ・市場の成長率・収益性 ・顧客ニーズ ・地域特性 ・流通チャネル　など	・競合企業 ・市場の寡占度 ・新規参入 ・参入障壁 ・代替機能 ・イノベーション　など	・マーケット・シェア ・技術力 ・ブランドイメージ ・営業販売力 ・資金調達力 ・取引企業　など

3-1　誰に：標的顧客

　まず，誰にどのようなシーンで提供するものかを決めなければ，顧客のニーズに沿った商品開発は出来ません。たとえば「赤ちゃんがはいて蒸れないおむつ」「子ども用の丈夫なジーンズ」「若いビジネスマン向けの，ファッション性に富むがリーズナブルな価格のスーツ」や「キャリアウーマン向けの動きやすいスカート」，また「高齢者向けの軽くて負担の少ない普段着」といったように，具体的なターゲットとする顧客やシーンを明確化します。これは対象とする標的顧客や使用するシーンによって，提供する価

値が異なってくるからです。

1 市場細分化

　標的顧客を具体的に決定するためには，市場を細分化（Segmentation）してとらえなければなりません。顧客の性別や年齢別の情報に，「地理的特性」「心理的特性」「使用形態」などの情報も併せて，市場を細分化して具体的なニーズを把握します。表2-4に示すように，新商品を開発するためには，このような「消費者特性」に加えて，各種の「消費者反応」も含め，細かく市場を細分化して，細かい市場ニーズを把握します。表2-4に示すような，消費者の各種特性や反応によって，細分化された市場の特徴を具体的に明らかにしていきます。

表2-4　消費市場における市場細分化の例
（コトラー・ケラー（2008：307）を参考に作成）

区分	特性	事例
消費者特性	地理的特性	国，都道府県，市町村，都市／郊外／地方，気候など
	人口統計的特性	年齢，性別，家族，所得，職業，学歴，宗教，国籍など
	心理的特性	社会階層（上流，中流階級，その他），ライフスタイル，パーソナリティー（性格）など
	使用形態	日常的使用，特別な機会における使用など
消費者反応	ベネフィット反応	消費者の求める品質，耐久性，アフターサービス，経済性，便宜性，迅速性，名声など
	使用率反応	大口使用者，小口使用者，普通使用者など
	使用者のタイプ	非ユーザー，元ユーザー，潜在的ユーザー，初回ユーザー，レギュラーユーザーなど
	使用頻度	ライトユーザー，ミドルユーザー，ヘビーユーザーなど
	ロイヤリティ	絶対的，強い，中程度，なしなど
	製品に対する態度	熱狂的，肯定的，無関心，否定的，敵対的など
	状況反応	朝用，昼用，夜用など

2 標的市場の選定

　標的市場の選定（Targeting）とは，市場を細分化した後，細分化されたどの市場を選ぶのかを決定することです。市場の細分化で得られた，セグメントごとの消費者行動の特徴，需要の大きさと将来の市場規模の予測，競合企業の参入状況，自社の競争的地位や経営資源の配分可能性などから判断し，セグメントに優先順位をつけ，1つ以上のセグメントを選定します。その際，重要なセグメントの評価項目は，一般的に表2-5のような5つの条件を満たしている必要があります。

表 2-5 標的市場選定の条件

条　件	内　　容
規模と成長性	十分な利益を確保できる市場規模であるのか。また市場の成長性は今後とも期待できるのか。
セグメントの魅力度	当該セグメントの顧客層に製品やサービスを的確に届けられるのか。その際の収益性は，自社にとって魅力的なものか。
経営戦略への適合性と保有資産	セグメントは自社の戦略目標に合致しているかどうか。そして参入するための経営資源は自社にあるのか。不足する場合には外部企業などとの連携により調達可能か。
競合他社との差別化	競合他社の動向をきちんと把握し，業界におけるイノベーション（代替製品，機能など）の動向を考慮の上，差別化が可能であるのか。
環境条件への適合度	製品やサービスの市場への投入が，環境問題を引き起こすことはないか。逆に環境問題に対し効果的なソリューションを提供し，競争優位を達成できるか。

3 ポジショニング（Positioning）

　ポジショニングとは，市場において既存の事業領域，あるいは新規参入する事業領域におけるセグメントで，自社がどのような競争上のポジションを獲得するのかを決めることです。たとえば，アパレルファッションのポジショニングマップを，「販売価格」「デザイン性」といった2つの軸で作成した場合，既存のブランドは図2-4のように配置することができます。

　新商品の開発においては，既存商品と同一のポジショニングで競争に打ち勝つ製品を開発するのか，あるいは他社商品との差別化を図るため，新商品独自のポジショニングを行い，顧客に自社商品の違いを訴求していくのかを決定していくことが重要となります。

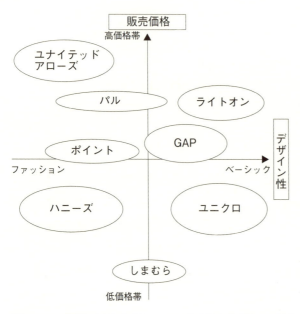

図 2-4　女性向けカジュアル衣料品市場のポジショニングマップ（小川（2009：28）加筆修正）

3-2　何を：「製品」

　次に提供する「製品」（Product）を決定しなければなりません。その際重要なことは，先ほど述べた，どのようなコアとなる「顧客提供価値」を提供するかということです。すなわち，消費者が求めている，あるいは明確にイメージはもっていないが潜在的に求めている，「効用（価値）」を提供する必要があります。

たとえばアパレルでいえば，「冬に暖かいインナーウェア」「夏に汗をかいてもすぐ乾く快適なインナーウェア」などです。みなさんのよく知っている「ユニクロ」が開発し，世界的に大ヒットしている「ヒートテック」は前者の例ですし，「エアリズム」は後者の例です。これらは，どちらも老若男女年齢を問わず，顧客ニーズが非常に高い商品です。ユニクロは，常にそのような顧客の本質的なニーズを探り，それに応える商品開発を推進しているのです。

3-3　どう売るか

　次に考えなければならないのが，下記の3つの要素です。すなわち最大の利益を得るため，商品を「いくらで」売るのかという販売価格の設定です。高すぎても売れませんし，安すぎれば利益を失ってしまいます。また，当該商品を「どこで（どんな流通チャネルで）」売れば最もよく売れるかを考えなければなりません。そして売り上げを増やすためには，適切な「宣伝」が必要になってきます。

①いくらで（Price）
②どこで（Place）
③どんな宣伝方法で（Promotion）

1　販売価格（Price）の設定

　まず，商品を売る際には「販売価格」を決めなければなりません。これは図2-5に示すように，かかった費用に利益を乗せて決定するのですが，実は「販売価格」は商品開発の前から決めておかなければなりません。なぜなら，新商品の事業収支を計算する際「販売価格」が重要な要素となり，販売戦略のカギとなるからです。これは，マーケティング目標を達成するための，販売数量を決定する前提にもなるものです。

　販売価格は，市場における需給関係や競合の度合いによって大きく影響を受けます。すなわち，需要が供給より大きければ，利益を増やして販売価格を上げても売れますが，逆に競合が激しい場合には，利益を削ってでも競合他社よりも安い販売価格をつける必要が出てきます。販売価格の設定方法には，各種の方法がありますが，ここでは代表的なものを挙げて説明します。

(1) 消費者心理を活かした価格設定

　消費者の購買心理を利用した価格設定には，表2-6に示すいくつかの方法があります。

(2) 新製品導入時の価格設定

　新製品を導入する際の価格設定方法には，大きく2つの方法があります。1つ

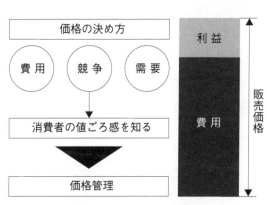

図2-5　販売価格の要素

表 2-6 消費者の購買心理を利用した価格設定方法

名声価格	製品の価値の評価が十分にできない美術品,宝石,高級ブランド品などの贅沢品では,高い価格をつけた方がかえって品質の評価(名声)が高まり,よく売れる場合があるため,高めにつけられる価格。
端数価格	1,000円とか10,000円というようなキリのよい価格設定をするのではなく,それぞれ1桁減らして980円,9,800円というようにわざと端数をつけることによって,その価格差以上に安いというイメージを与える価格。
プライス・ライン	ネクタイのように高級品,中級品,普及品といった段階的な価格を設定することで予算に応じた商品選択が容易になる。それぞれの段階に多数の品目があり,同一段階内の価格差に消費者があまりこだわらない場合に有効。
習慣価格	清涼飲料水や玉子,タバコのように購買習慣上,消費者の意識の中にほぼ定着している価格。この価格は多少下げても需要は伸びないが,逆に価格を上げると大幅に需要が減少することが多い。

は「初期高価格戦略」(Skimming Pricing)といわれるもので,ターゲットをマニアや富裕層に絞り,価格を高めに設定し,開発費用を早期に回収する方法です。

もう1つは「市場浸透価格戦略」(Penetration Pricing)といわれるもので,価格を安く設定して,一気に市場シェアを獲得する方法です。

2 流通チャネル(Place)の設定

販売価格の設定の次に,販売する場所(流通チャネル:Place)を決定しなければなりません。これも,商品開発の前に決めておく必要があります。発注から納品までのリードタイム(Lead Time)や物流コストに大きく影響するからです。通常商品特性によって販売するチャネルは決まってきます。たとえば高級なファッションや宝飾品などのブランド品は,百貨店や専門店で販売することになりますし,安価な商品はスーパーマーケットやディスカウントショップで販売することになります。また,コンピュータやゲーム機などのソフト,音楽コンテンツや映画などは,直接インターネットで販売する方が,パッケージや物流費用がかからないため,売る方も購入する方もより安価にかつ便利に購入することが出来ます。

3 宣伝方法(Promotion)の決定

いくらよい商品をリーズナブルな価格で販売しても,消費者にキチンと自社商品の優れた点の情報が伝わらなければ,購買してもらえません。このため,表2-7に示すように,企業にとって適切なプロモーション活動は必須になります。具体的には,「テレビ」「ラジオ」「新聞」「雑誌」といったマス広告媒体を使う方法,最近増加している「インターネット広告」,さらには電車やバスなどを活用した「交通広告」,そして百貨店の化粧品売り場のような対面販売を行う「人的販売」,さらには近年のソーシャルメディアを活用した「口コミ」などいろいろな方法があります。企業では,これらの媒体を予め

表 2-7 宣伝（Promotion）の種類

種類	内容
1. 販売促進	陳列，展示会やプレミアム販売サンプル配布，懸賞，キャンペーンなど
2. 広告	広告主が，多数の人々に対し，その態度や行動に影響を与える目的で自社商品やサービス，アイデアなどについて，有料のメディアを通じて行う情報伝達活動
3. 人的販売	販売目的を達成するために，販売員が購入見込み客に対して直接口頭で行うコミュニケーション活動で，セールスマンによる訪問営業，来店客に対する店員の応対，取引先の接待など
4. パブリシティ	マスメディアの記事やニュースを通じて，自社の商品やサービスなどの情報を無料で伝達すること
5. 口コミ	人の口から口へと個別的に伝えられるコミュニケーション。オピニオンリーダーの意見や家族・友人との会話，世間での噂話，最近ではSNSやブログなどが発信源

決められた「プロモーション」予算の中で，最も効果を出せるように組み合わせて使うことになります。

以上述べてきた4つのP（Product, Price, Place, Promotion）を，マーケティングの世界では「4P：マーケティング・ミックス」とよび，マーケティング活動における重要な4要素となっています。また，マーケティング活動の流れについて整理すると，「事業領域の設定」から始まり，「セグメンテーション」「ターゲティング」「ポジショニング」といった一般的なマーケティング活動の手順があり，これを示すと図2-6のようになります。

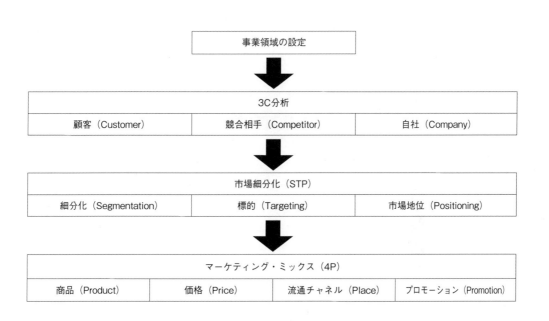

図 2-6　一般的なマーケティング活動の手順

4 競合他社に勝つためには

最近，グローバル展開しているビジネスの世界では，たいてい競合会社が存在します。競合他社との競争に打ち勝ち，消費者に自社商品を選んでもらい，継続的に購入してもらうためには，「競争戦略」の策定と効果的な推進が必要となってきます。

4-1 競争戦略の策定と推進

他社との競争に打ち勝つため，経営戦略の世界では図2-7に示す，M. E. ポーターの提唱する「競争戦略」が有名です。

すなわち，市場全体で「どこよりも安く商品を売る戦略」（コストリーダーシップ戦略），「他社にはない商品を作る」（差別化戦略），そしてある特定の市場や商品分野でトップを目指す「集中化戦略」の3つがあります。

「コストリーダーシップ戦略」は，スケールメリット（規模を大きくすることで得られる利益）が必要なため，業界トップのリーダー企業など以外では採用しにくい戦略です。「差別化戦略」は，自社独自のノウハウや技術力で他社にない商品を提供する戦略で，チャレンジャー企業に適した戦略です。先ほど述べた「ユニクロ」の「ヒートテック」や「エアリズム」などが該当します。「集中化戦略」の例としては，自動車業界の「スズキ」が該当します。我が国における自動車販売総数では，「トヨタ」に遠く及びませんが，「軽自動車」分野においては，「ダイハツ」と並びトップクラスの販売台数を誇っています。また，インドという特定の市場においては，国内シェアが約4割と長らくトップを維持しており，これはニッチ戦略の代表的な例です。

4-2 アライアンス：提携

企業が新しい商品を開発する際，自社の有する経営資源だけでは，厳しいグローバルな競争に打ち勝つことが難しい時代になってきました。このため，自社にない技術やノウハウを持つ他社とアライアンス（alliance：提携）を組んで，共同で商品開発を行っているケースが多くなってきました。

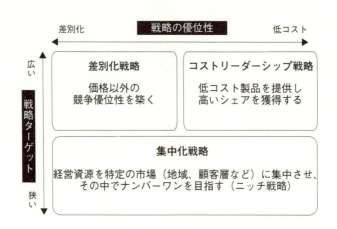

図2-7　ポーターの競争戦略（ポーター（1982：61）を一部改変）

たとえば「ユニクロ」の代表的な差別化商品である「ヒートテック」は，実は素材メーカーである「東レ」の技術力で開発した糸があったからこそ，生まれた商品なのです。ユニクロと東レは，1999年から取引を行っていましたが，2000年ごろから取り組みが本格化し，グローバル市場で勝ち残るために，世の中にない商品を共同開発していこうと話し合いました。そして，両社トップの合意で，「原料から製品までの一貫生産を目指すビジネスモデル」を構築する目的で，業界でも例をみない異業種間の垂直連携である，「戦略的パートナーシップ」を締結しました（図2-8）。

　もともとユニクロは，企画から生産・販売までを一貫して行うSPA（Speciality store retailer of Private label Apparel：アパレル製造小売企業）のビジネスモデルを確立しています。しかし自社だけの経営資源では，競争の厳しいグローバル市場で，ZARA，H&MそしてGAPなどの世界の大手ファストファッションメーカーに打ち勝つことが難しい状況にあります。そこで製品の差別化を図るために，優れた技術力をもつ東レと戦略的なアライアンスを構築したのです。グローバル競争の中で，もはや自社のみですべてのバリューチェーン（Value Chain：価値連鎖）を完結することは難しい時代になってきたといえます。

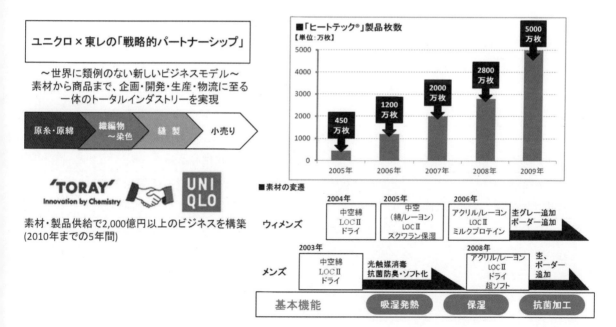

図2-8　ユニクロと東レの「戦略的パートナーシップ」[1]

---

1) 東レホームページ〈http://www.toray.co.jp/saiyou/fresh/moreinfo/heattech/outline.html〉より（閲覧年月日：2014.12.30）。

❺ 消費者の購買心理を知るためには

　ここまでは，商品をたくさん売って利益を得るには，どのような点に留意し，どのようなビジネス活動を行えばよいのかという，どちらかといえば「企業サイドの立場」から市場や顧客をとらえてきました。そして，顧客の求めるニーズに応える商品開発を行い，継続的な購買を促すために，顧客満足度の向上に努める必要があるということを説明してきました。しかし，ビジネスを成功に導くためには，企業サイドに立ったビジネス活動やマーケティング活動だけでは十分でありません。やはり消費者の立場から，消費者の購買心理や購買プロセスをきちんと分析していかなければなりません。そこで，ここからは，消費者の購買行動に関して説明していきます。

5-1　ロジャースのイノベーター理論

　イノベーター理論とは1962年に米・スタンフォード大学の社会学者，エベレット・M・ロジャース教授（Everett M. Rogers）が提唱したイノベーション普及に関する理論で，商品購入の態度を新商品購入の早い順に5つに分類したものです。ロジャースは購入者の分布が正規分布に従うと仮定して，各分類の構成比を表2-8のように示しました。

表2-8　イノベーター理論[2]

分類	特徴	人数構成比
イノベーター （Innovators：革新者）	冒険心にあふれ，新しいものを進んで採用する人。	2.5%
アーリーアダプター （Early Adopters：初期採用者）	流行に敏感で，情報収集を自ら行い，判断する人。他の消費層への影響力が大きく，「オピニオンリーダー」ともよばれる。	13.5%
アーリーマジョリティ （Early Majority：前期追随者）	比較的慎重派な人。平均より早くに新しいものを取り入れる。「ブリッジピープル」ともよばれる。	34.0%
レイトマジョリティ （Late Majority：後期追随者）	比較的懐疑的な人。周囲の大多数が試している場面を見てから同じ選択をする。「フォロワーズ」ともよばれる。	34.0%
ラガード （Laggards：遅滞者）	最も保守的な人。流行や世の中の動きに関心が薄い。イノベーションが伝統になるまで採用しない。「伝統主義者」とも訳される。	16.0%

---

[2] JMR生活総合研究所資料〈http://www.dentsu.co.jp/sips/〉を一部改変（閲覧年月日：2014.12.30）。

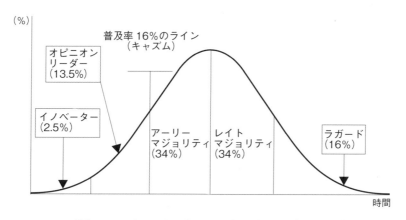

図2-9 イノベーター理論と商品の普及曲線

　イノベーター理論の分類で，少人数のイノベーターは，重視するポイントが商品の新しさそのもので，そのベネフィットにはあまり注目していません。一方，アーリーアダプター（オピニオンリーダー）は，新しいベネフィットに注目し，さらに自らのネットワークを通じて，広く社会に伝えてくれることから，他の消費者への影響力が大きいといえます。このイノベーターとアーリーアダプターを合わせても，市場全体の16％にしかなりませんが，この2つの市場に対していかに普及させるかが，次のアーリーマジョリティ，レイトマジョリティという市場に，広く普及するかどうかの分岐点になります。このことから，ロジャース教授は，アーリーアダプター（オピニオンリーダー）までを重視し，「普及率16％の理論」として提唱しています（図2-9）。

　これに対し，マーケティング・コンサルタントのジェフリー・A・ムーア（Geoffrey A. Moore）は，1991年出版の Crossing the chasm（日本語訳『キャズム』）で「キャズム理論」を提唱しています。ムーアは，ハイテク製品などにおいては，個々の分類の間にはクラック（断絶）があると主張しました。その中でも，特にアーリーアダプター（オピニオンリーダー）とアーリーマジョリティの間には「深く大きな溝」があるとし，これをキャズム（Chasm）とよびました。このキャズムを超えられるかどうかが，その後の製品普及の大きなカギとなると主張したのです。そして，イノベーターとアーリーアダプター（オピニオンリーダー）で構成される市場を「初期市場」，アーリーマジョリティ以降の市場を「メインストリーム市場」と区分しました（Moore, 1991）。

5-2　インターネット時代の消費者の購買行動

　1990年ごろからのインターネットの普及に伴い，消費者の購買行動が従来と大きく変化してきました。特に定額制・常時接続のブロードバンドの普及により，消費者はテレビを見る感覚で，毎日インターネットを閲覧し，購買活動を開始することが当たり前になってきました。旅行に行くときのホテルの予約，大型家電や専門書の購入，さらにはレストランの予約といった非日常的購買活動を例に説明します。まず比較サイトやオークションなどの情報を事前に調査し，さらにSNS（Social Networking Service）やブログで，実際の利用者や購入者からの製品やサービス利用に関する満足度などを確認

します。その上で，自らの購買目的に最も適した流通チャネルから，製品やサービスを購入することが当たり前になってきました。このため，企業における近年のマーケティング活動自体も，大きな変化を迫られているといえます。

1 インターネット時代における消費者購買行動の変遷

インターネット時代において，まず，始まったのがいわゆる「AIDMA」から「AISAS」や「AISCEAS」への消費者行動モデルの変化です。

(1) AIDMA（アイドマ）

「AIDMA」とは，1920年代に米国のサミュエル・ローランド・ホール氏によって提唱された，従来型の消費者行動モデルで，次のような購買プロセスをとります。すなわち，A（Attention：注目）⇒ I（Interest：関心）⇒ D（Desire：欲求）⇒ M（Memory：記憶）⇒ A（Action：行動）というプロセスを経て，購買行動を行うモデルです。

(2) AISAS（アイサス）

次に，「AISAS」とは，1995年に日本の電通によって提唱され，2005年6月に同社の商標として登録された消費者の購買行動モデルで，インターネットの進展により変化した，次のようなプロセスをとります。すなわち，A（Attention：注目）⇒ I（Interest：関心）⇒ S（Search：検索）⇒ A（Action：行動）⇒ S（Share：共有）というプロセスです。商品やサービスに関心を持てば，すぐにインターネットで検索し，気に入ればその場で当該企業やポータルサイトのホームページから，購入するものです。Amazonを含め近年では，Web上で直ちにクレジット決済や着払いなどでの決済が可能で，瞬時に注文することができます。数日後には商品を入手し，その使い勝手や使用上の評価を今度はSNSやブログに公開し，仲間と情報を共有化していきます。このような消費者からの発信情報は，CGM（Consumer Generated Media）とよばれ，企業からの発信情報とは異なる，客観的で顧客サイドに立った有用な情報と考えられています。最近は，このような顧客情報をまとめた，Web上のポータルサイトもさまざま開設されています。

(3) AISCEAS（アイセアス）

そして，近年，Web上の比較サイトやブログ，SNSなどの充実により消費者の購買

図2-10 インターネット時代の消費者購買行動の変遷

行動モデルは,「AISCEAS」とよばれるものになってきました。これは,アンヴィコミュニケーションズの望野和美氏が発表した消費者行動モデルで,次のようなプロセスをとります。すなわち,A(Attention:注目)⇒ I(Interest:関心)⇒ S(Search:検索)⇒ C(Comparison:比較)⇒ E(Examination:検討)⇒ A(Action:行動)⇒ S(Share:共有)というプロセスです。購買行動の前に,Web上の比較サイトやSNSへの書き込みなどを検索し,商品やサービスの比較,検討を十分行って,自らの最も望ましいチャネルで購買行動を行う方法です。

2 ソーシャルメディア浸透後の新しい消費行動モデル

さらに,最近のソーシャルメディア浸透後に,その関与が深い消費者の消費行動モデルの概念に関して,図2-11に示すように,「SIPS」という考えが電通によって提唱されています。ソーシャルメディアが広く浸透すると,Web上で氾濫するたくさんのデータの中から,まず自分の価値観に基づき,「共感」できる情報を抽出することから始めるようになってきたのです。次に,この情報をマスコミなどで「確認」し,納得できればその活動に「参加」し,気に入れば購買活動を行い,その結果を「共有・拡大」します。すなわち,S(Sympathize:共感する)⇒ I(Identify:確認する)⇒ P(Participate:参加する)⇒ S(Share & Spread:共有・拡散する)というプロセスです。

図2-11に示すように,まずは自らの価値観に基づき「共感」を得て,「確認」を得た顧客は,「参加者」として企業サイトを閲覧し,試供品を貰ったりキャンペーンに参加したりします。ここで,顧客満足度を高め,企業と良好な関係ができれば,次のステップである「ファン」になり,商品購入やソーシャルメディアによい情報を書き込んだりします。さらに,顧客満足度が高まり,企業とより良好な関係を構築した顧客は,「ロイヤルカスタマー」となり,商品やサービスを継続購入して企業の「支援者」となり,

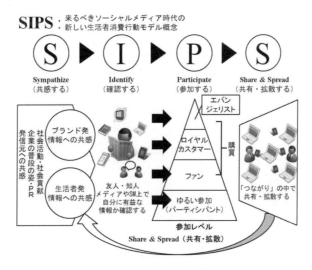

図2-11　SNS時代の消費行動の変化[3]

---

3) 電通ウェブサイト〈http://www.dentsu.co.jp/sips/〉より(閲覧年月日:2014.12.30)。

ソーシャルメディアに良心的なコメントをしてくれるようになります。最後に，さらに顧客満足度を高めることにより，「エバンジェリスト（伝道者）」となって，商品やサービスを他の人に推薦してくれるようになります。そして究極的には，商品やサービスの改善提案や，新商品開発の提案なども行ってくれるようになるというものです。

③ SNS時代のマーケティング手法の変化

近年，TwitterやFacebookなどのSNSやブログなどを活用した，マーケティング手法が注目され活用されています。ツールとしての携帯電話やスマートフォン，そしてタブレット端末などの急激な普及により，「誰でも，いつでも，どこでも双方向のコミュニケーションができる」通信環境になったことも大きな要因です。これらのSNSを活用して，消費者は24時間，自由な双方向のコミュニケーションの場を得ることによって，従来のマスメディアからの情報を受動的に受け取る存在から，自ら主体的に情報を発信し，それらを生活者間で情報共有し，活発にコミュニケーションを行う存在となりました。ニールセン社によると，2013年3月におけるパソコンによるSNS利用者は，図2-12のようになっており，トップがFacebookで約1,800万人，第2位がTwitterで約1,300万人となっています。これら上位2社で，日本の人口の1/4近くである，約

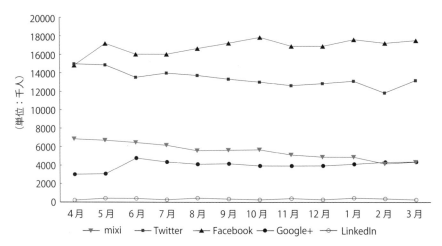

2012年度	4月	5月	6月	7月	8月	9月	10月	11月	12月	1月	2月	3月
mixi	6,914	6,682	6,463	6,127	5,671	5,686	5,745	5,082	4,916	4,817	4,257	4,468
Twitter	14,866	14,827	13,479	13,920	13,741	13,243	13,011	12,710	12,776	12,992	11,835	13,150
Facebook	14,831	17,241	16,083	16,027	16,730	17,369	17,821	16,937	16,918	17,668	17,278	17,515
Google +	3,028	3,099	4,825	4,295	4,019	4,159	3,949	3,916	3,861	4,062	4,359	4,317
LinkedIn	197	384	315	255	412	335	247	240	265	293	328	252

図2-12 我が国における主要なSNSの利用者（PC訪問者）数の推移[4]

4）ニールセン社インターネット利用動向調査「Nielsen Netview」サービス「mixi, Twitter, Facebook, Google+, LinkedIn 2013年3月最新ニールセン調査」〈http://media.looops.net/sekine/2013/05/08/neilsen-netview-201303/〉より作成（閲覧年月日：2015. 8. 6）。

3,100万人にもなっていることがわかります。

　このようなインターネットの進展は，マーケットリサーチから始まり，製品開発やセールスプロモーションに至るまでの，あらゆるマーケティングの活動分野に大きな影響を与えています。市場においては，Amazonやデルコンピュータなどによる，インターネットを徹底的に活用した新たなビジネスモデルが登場し，多くの消費者から支持を得ています。また，eコマースにより，従来「死に筋」であった「ロングテール商品（The Long Tail：単独では多くの販売を期待できない商品でも，多品種を少量ずつ販売することで，収益を上げられる商品）」が息を吹き返しました。以上のことから，従来の最適在庫を優先する「ABC分析（ABC analysis：重点分析）」による，商品の仕入れや取り扱いをするスタイル自体が，最近変化しつつあります。

　近年では，携帯電話やタブレット端末を中心とする，モバイル端末によるコミュニケーション活動が大きく進展しています。電車やバスに乗ると，通勤時間帯でもずっと携帯電話を操作している人が増えてきました。少々混んだ車内でも，指先だけで操作できる携帯電話は，コミュニケーションツールとしてきわめて利便性の高いモバイル機器です。このような，24時間手元で操作できる携帯電話やスマートフォン，そしてタブレット端末などを活用したマーケティング活動は，その露出度の優位性，また迅速で幅広い情報拡散能力という点において，計り知れないポテンシャルを秘めています。これらのモバイル端末は，画面の小ささや操作性などの課題はありますが，場所を選ばない手軽さから，スマートフォンを中心に，今後ますますコミュニケーションツールとしての存在感を高めていくものと思われます。

【考えてみましょう】☞ **106-108ページ**

Chapter 3 資金（カネ）

会社にはさまざまな形態があります。会社と言えば，株式会社を指すことが多いのですが，株式会社以外にも合名会社，合資会社，合同会社など聞きなれない会社も存在します。

ここでは，特に株式会社の資金（おカネ）の調達方法や運用方法，そして株式会社が公表するおカネの情報（会計情報）について学習していきましょう。

❶ ビジネスにおける資金のこと

1-1 株式会社の発展と会計

世界初の株式会社は，1602年に設立されたオランダ東インド会社だといわれています。また株式会社の発展とともに簿記・会計も発展していきます。なぜ株式会社が誕生したのでしょうか。ここでは，株式会社と会計の発展がどのように関係しているのか解説します。

1 大航海時代と株式会社

16世紀頃のヨーロッパは，大航海時代という冒険と大商人の時代でした。冒険家たちは，世界中の海を航海しただけではありませんでした。彼らは，主にアジアから香辛料や美術・工芸品などの特産品を持ち帰り，大商人たちに巨万の富をもたらしました。特に，香辛料は大きな利益をもたらしたといわれています。この香辛料を得るために，大商人たちは冒険家たちに資金を提供し，持ち帰った香辛料で大儲けをしました。そのうち大商人だけではなく，お金に余裕のある人々も少しずつ資金を提供し，さらに香辛料を中心とした交易（貿易）が盛んになってきたのです。ただし，これは確実に利益を得られるというものではありませんでした。長い航海の間に，嵐にあって沈没したり，海賊に襲われたりして，必ずしも平穏な航海ばかりではなかったのです。そんな危険なところに行こうとするのは，勇敢な冒険家たちで，大商人や資金を提供した一般の人々ではありません。つまり，航海に出て香辛料を運んで帰る冒険家と，資金だけ提供して無事に帰り着くのを待つ資金提供者の2者に分かれていったのです。すでに株式会社の特徴の1つである，所有と経営の分離が現れています。

その航海にはハッピーエンドとバッドエンドが考えられます。

ハッピーエンドの場合，無事に香辛料を売った儲けは，資金の提供金額に応じて平等に分配されます。これが配当金に当ります。バッドエンドの場合はどうでしょうか。つまり，船が無事に帰ってこなかった場合です。これは大変な事態ですが，資金提供者は提供した金額だけが無くなり，それ以外にさらに支払う必要はありません。これは株式会社の特徴の1つである，資金提供者（株主）の有限責任に当ります。ハッピーエンドであれバッドエンドであれ，資金提供者は詳細な事情の説明を求めます。大事な資金が

どのように使われ，どれくらいの儲けが得られたのか，あるいはどうして損失が出たのか，ということを貿易の責任者は説明する義務があります。資金を集め，航海に出て，利益を出して分配する。この一連の事業の説明を行うことが株主総会の原型です。

現在行われている株主総会でも，役員の選任や解任，計算書類（決算書）の承認，配当金など，重要な事項についてさまざまな決議が行われています。

具体的にはどのようなことを説明するのでしょうか。また説明のためには，どのような資料を責任者は準備すればよいのでしょうか。

1-2 アカウンタビリティと会計情報
1 アカウンタビリティ

17世紀に誕生した株式会社は，その後18世紀のイギリスにおける産業革命でさらに規模が拡大，発展し，現在の株式会社の形態になっていきます。つまり，不特定多数の人々が株式会社に資金を提供し，ますます経営者の説明責任は重要性を増していきます。説明責任は，アカウンタビリティ（Accountability）と言われ，会計（Accounting）の語源にも関係しています。

株式会社の責任者は，どのような説明責任を果たさなければならないのでしょうか。セミナーで大学祭の模擬店を開くことを事例にして，考えていきましょう。

2 大学祭の模擬店

あなたは，セミナーで模擬店の実行委員長となりました。実行委員は5名です。
まず，どのようなことをセミナーで話し合いますか。

①何を売るか。	たこ焼きに決定しました。
②必要な設備は。	ガスコンロ，たこ焼き器，容器などがあります。
③材料は。	たこ焼き粉，タコ，ソース，などがあります。
④資金をどうする。	たこ焼き道具は，レンタル屋に発注しなければなりません。
（必要な経費の内訳）		
たこ焼き屋セット	2日分レンタル料	¥6,000
たこ焼き材料	2日分	¥4,000

以上の結果，資金は¥10,000必要となりました。
次に各実行委員に，どのように費用の負担をするか話し合わなければなりません。

レンタル料　¥6,000　材料費　¥4,000

実行委員は5人ですので，1人¥2,000ずつ出してもらおうとしましたが，諸事情により均等に撤収できませんでした。
いろいろ話し合った結果，それぞれ次ページの表のように資金を提供することになり

A君	B君	C君	D君	E君	合計
¥1,700	¥1,000	¥1,500	¥3,300	¥2,500	¥10,000

ました。

　大学祭が終了し，2日間の売上は，¥35,000でした。

　利益はどのように分配すればよいか，いろいろな状況が考えられます。たとえば出した金額は少ないが，よく働いた人もいます。実行委員長のあなたは，大学祭が終わって報告会を開かなければなりません。報告する内容は，販売価格，販売個数，売上，レンタル料，材料費などの経費，もうけなどさまざまな項目となるでしょう。大学祭の模擬店においても，資金の運用方法や利益の分配についてしっかりとした説明責任を果たさないと，セミナーのメンバーには納得してもらえません。

　このように模擬店の運営についても，正確な説明，つまり収支報告が必要です。株式会社は，不特定多数の人々が大事な資金を提供したり，融資をしているので報告に不正があったり，虚偽のものであってはならないのです。

③ 会計情報

　株式会社が資金について説明責任を果たすための資料はどのようなものでしょうか。株式会社会計に関連する法律は，会社法，金融商品取引法，税法の3つがあります。株式会社が公表する会計情報に不正や虚偽がないように，法律がしっかりと規制しています。それぞれの法律は目的が違うため，法律によって公表する会計情報も異なります。一般的には決算書や財務諸表とよばれていますが，法律により会計情報資料のよび方も変わります。表3-1は，それぞれの法律によって提出が必要な会計情報をまとめています。

　また，公表・提出書類の内容にも違いがありますが，表3-1からわかるように，共通の会計情報は，貸借対照表，損益計算書，株主資本等変動計算書となります。次に貸借対照表と損益計算書について学習しましょう。

表3-1　法律による会計情報の種類

会社法（計算書類）	金融商品取引法（財務諸表）	税法（決算書）
貸借対照表	貸借対照表	貸借対照表
損益計算書	損益計算書	損益計算書
株主資本等変動計算書	キャッシュ・フロー計算書	株主資本等変動計算書
個別注記表	株主資本等変動計算書	
	付属明細表	

1-3 会計情報（貸借対照表と損益計算書）

　ここでは，会計情報の中心となる貸借対照表（Balance Sheet）と損益計算書（Profit and Loss Statement）の役割と構造について学びましょう。解説を始める前に，表 3-2 をよく理解してください。貸借対照表と損益計算書は全く違うのですが，この 2 つの会計情報はお互いに密接な関係があるのです。

　貸借対照表は一定時点という言葉から，点のイメージです。損益計算書は一定期間という言葉から線がイメージされます。貸借対照表はどの時点でも表示することが可能ですが，損益計算書を表示するには期間が必要です。

　例えば大学生の成績報告書も半年，あるいは 1 年間の学修の成果ですから，現在履修中の科目の成績はまだ出ていません。でもどのような科目を今年度履修したかはいつでも確認することができます。

表 3-2　賃貸対照表と損益計算書

貸借対照表	企業の一時点における財政状態を表示する
損益計算書	企業の一定期間の経営成績を表示する

1 貸借対照表の役割と構造

　貸借対照表は，企業がどのくらいの資産をもっていて，その資産はどのような資金で運用されているかがわかります。図 3-1 をみてみましょう。A 君は，100 万円の自動車を買う計画をしています。自己資金は，30 万円です。残りの 70 万円は銀行で自動車ローンを組もうと考えています。B 君は，同じ自動車を買う計画をしていますが，自己資金は 70 万円です。残りの 30 万円は銀行で自動車ローンを組みます。A 君，B 君ともに，自己資金と銀行ローン（借金）で 100 万円の自動車を買おうとしています。これを A 君，B 君の財政状態と言います。

　A 君，B 君，どちらの財政状態が好ましいでしょうか。同じ自動車を購入するのに，自己資金の少ない A 君は B 君より銀行ローンが多くなりますね。一般的には，自動車や家など財産とよぶことが多いのですが，財産とは換金できるものという意味で，範囲が限られます。企業には換金できるもの以外に，将来企業に収益をもたらすものもあり，

A 君	B 君
頭金（自己資金）	頭金（自己資金）
300,000 円	700,000 円
自動車ローン	自動車ローン
700,000 円	300,000 円

図 3-1　A 君と B 君の財政状態

会計ではそれらを資産とよびます。先程のA君とB君の頭金（自己資金）は，企業では株主が提供している資本，そしてA君とB君の銀行ローンは，企業にとっては負債となります。貸借対照表では，資金がどこから調達され，どのように運用されているのかがわかります。

貸借対照表の構造は，次のようになっています。形式としては，「勘定式」と「報告式」の2種類がありますが，その内容は同じです。どちらの形式も覚えておきましょう。

〈勘定式〉貸借対照表

株式会社OIU　平成○年1月1日

資金の運用形態 { 資産 | 負債 / 純資産 } 資金の調達源泉

〈報告式〉貸借対照表

株式会社OIU　平成○年1月1日

【資産の部】	
	資産合計
【負債の部】	
	負債合計
【純資産の部】	
	純資産合計
	負債・純資産合計

2 損益計算書

損益計算書では，企業がどれくらい利益を得たか，また損失を出したかがわかります。企業にとっての成績は，利益と損失で表され，経営成績とよびます。企業の経営成績を表したものが損益計算書です。損益計算書の形式にも，勘定式と報告式がありますが，損益計算書は報告式が一般的です。

報告式の損益計算書では，このように①から⑤の5つの利益に分類され，どのような事業活動でもたらされた利益なのか，段階的に表示されます。

図3-1のA君とB君の事例を思い出してください。貸借対照表ではA君，B君の財政状態はわかりますがこの情報だけではA君，B君どちらが優良かは判断できません。なぜなら，自動車ローン70万円のA君ですが，その自動車ローンを1年で返済できる

〈勘定式〉損益計算書

株式会社OIU　平成○年1月1日－平成○年12月31日

費用	収益
当期純利益	

※勘定式の損益計算書では，どのような企業活動によってもたらされた利益なのかがわかりにくくなります。

〈報告式〉損益計算書

株式会社 OIU　　　平成○年1月1日 – 平成○年12月31日

売上高	⎫ 営業損益 ⎬ 計算の区分 ⎭
売上原価	
①売上総利益（売上高－売上原価）→製品（商品）の生み出した利益	
販売費および一般管理費	
②営業利益（売上総利益－販売費および一般管理費）→本業の利益	
営業外収益	⎫ 経常損益 ⎬ 計算の区分 ⎭
営業外費用	
③経常利益（営業利益＋営業外収益－営業外費用）→経常的な活動による利益	
特別利益	⎫ 純損益 ⎬ 計算の区分 ⎭
特別損失	
④税引前当期純利益（経常利益＋特別利益－特別損失）→利益の総額	
法人税・住民税および事業税	
⑤当期純利益（税引前当期純利益－法人税等）→最終利益	

とすればどうでしょうか。また自動車ローン30万円のB君は自動車ローンの金額はA君より少ないですが，返済に5年かかるとすればどうでしょうか。

　株式会社の会計情報も「貸借対照表」「損益計算書」を中心にさまざまな種類のものがあります。それらを総合的に関連づけて判断することが重要です。

　株式会社の利害関係者（ステークホルダー）は，株式会社が公表する「貸借対照表」や「損益計算書」などの会計情報によって，投資や融資の客観的な判断ができるのです。また，就職活動の際にも，この2つは就職選択先の有効な判断材料になります。

　このような企業が公表する会計情報は，どのようにすれば閲覧できるのでしょうか。すべての株式会社が公表している訳ではありませんが，みなさんの知っている企業のウェブサイトを開いてみてください。メニューの一覧に「企業情報」「財務情報」「IR情報（Investor Relations：投資家情報）」などで会計情報が公開されています。ぜひ調べてみてください。

【考えてみましょう】☞ 109ページ

❷ ファースト・リテイリングの財務分析

　株式会社ユニクロは，日本国内で事業を行う，ファースト・リテイリングの連結子会社です。海外事業も含め，ユニクロを総合的に考察するには，ファースト・リテイリングという企業グループ全体について分析する必要があります。経営においては「グループ経営」「連結経営」が主流となり，経営の状況や結果の説明責任を担う会計においても，連結財務諸表が重視されるようになりました。連結財務諸表とは，連結貸借対照表や連結損益計算書といった，企業グループ全体の財政状態や経営成績を明らかにする報告書です。ここでは，ファースト・リテイリングという企業グループ全体から，株式会社ユニクロについて考察したいと思います。

　ファースト・リテイリングは，ユニクロ事業を中心に，ジーユー，セオリー，コントワー・デ・コトニエ，プリンセス タム・タム，J Brand など複数のブランドを展開する企業グループです。ファースト・リテイリングの 2011 年度から 2013 年度までの連結損益計算書の要約は表 3-3 のとおりです[1]。営業利益は本業で得た利益を意味し，経常利益はそこに本業以外の収益（利子など）も含めた利益だとイメージしてください。また，売上原価は，仕入や製造にかかったお金（原価），売上総利益は売上原価に上乗せした利益，販売費・一般管理費は商品を売るためにかかったお金だと，ここではひとまず理解してください。

表 3-3　ファースト・リテイリング，連結損益計算書の要約（単位：百万円）

	2011 年 8 月		2012 年 8 月		2013 年 8 月	
	金額	売上高比	金額	売上高比	金額	売上高比
売上高	820,349	100.0%	928,669	100.0%	1,143,003	100.0%
売上原価	394,582	48.1%	453,202	48.8%	578,992	50.7%
売上総利益	425,767	51.9%	475,467	51.2%	564,011	49.3%
販売費・一般管理費	309,401	37.7%	349,016	37.6%	431,091	37.7%
営業利益	116,365	14.2%	126,451	13.6%	132,920	11.6%
経常利益	107,090	13.1%	125,212	13.5%	148,979	13.0%

※売上高比は，小数点第二位で四捨五入しています。

　2011 年（東日本大震災の年度）に営業利益は前年（132,378 百万円）を下回りましたが，その後は，増収増益となっています。なお，2011 年度までは円高により多額の為替差損が発生しました。このため，営業利益が経常利益を上回る結果となりました。逆に，2013 年は為替差益が発生し，経常利益が営業利益を上回る結果となっています。なお，為替差損・為替差益とは，外貨による取引や預金を行っている場合に，為替相場

---

[1] ファースト・リテイリング「IR 情報」〈http://www.fastretailing.com/jp/ir/library/yuho.html〉より（閲覧年月日：2014.8.20）。

の変動で発生する損失や利益のことです。

　次にファースト・リテイリングの増収増益の要因を，各事業活動から考えてみましょう。ファースト・リテイリングは，その中心となるユニクロ事業を国内と海外に分割し，さらにユニクロ事業以外をグローバル・ブランド事業として展開しています。

　まず，ファースト・リテイリングの増収について，事業別売上高を示した表3-4（注1のURLを参照）から考えてみましょう。これを見ると，国内ユニクロ事業の売上高は増加していますが，全体の構成比は減少しています。これは，ファースト・リテイリングが，海外での事業拡大に力を注いでいるからです。ファースト・リテイリングは，「真のグローバル企業」になることを中期ビジョンとしており，これを達成するために，海外の店舗数を増大させ，グローバルに事業を展開しています。

表3-4　ファースト・リテイリング，各事業の売上高（単位：億円）

	2011年		2012年		2013年	
	金額	構成比	金額	構成比	金額	構成比
国内ユニクロ事業	6,001	73.2%	6,200	66.8%	6,833	59.8%
海外ユニクロ事業	937	11.4%	1,531	16.5%	2,511	22.0%
グローバル・ブランド事業	1,240	15.1%	1,530	16.5%	2,062	18.0%
連結損益計算書での数値	8,203	100.0%	9,287	100.0%	11,430	100.0%

※億円未満を四捨五入しているため，各事業の合計金額が連結損益計算書の数値と一致していません。同様に，構成比も小数点第二位で四捨五入しているため誤差が生じます。

　また，ファースト・リテイリングの店舗数は表3-5のとおりです（注1のURLを参照）。

表3-5　ファースト・リテイリング，各事業の店舗数（単位：数）

	2011年		2012年		2013年	
	店舗数	構成比	店舗数	構成比	店舗数	構成比
国内ユニクロ事業	843	40.4%	845	38.0%	853	34.8%
海外ユニクロ事業	181	8.7%	292	13.1%	446	18.2%
グローバル・ブランド事業	1,064	51.0%	1,085	48.8%	1,150	47.0%
合計	2,088	100.0%	2,222	100.0%	2,449	100.0%

※構成比は，小数点第二位で四捨五入しています。

　国内ユニクロ事業の店舗数は，ほぼ横ばいで推移していますが，海外ユニクロ事業の店舗数は大幅に増加しています。2012年は2011年の約1.61倍，2013年には約2.46倍となっています。また表3-4を見ると，海外ユニクロ事業の売上高は，2012年が2011年の約1.63倍，2013年には約2.68倍と急激な増収となっています。つまりここからは，アパレル業界において，店舗数が売上高を発生させる重要な要因の1つであることがわかります。

表 3-6　ファースト・リテイリング，各事業の営業利益（単位：億円）

	2011 年		2012 年		2013 年	
	金額	構成比	金額	構成比	金額	構成比
国内ユニクロ事業	1,062	85.8%	1,023	80.1%	968	73.1%
海外ユニクロ事業	89	7.2%	109	8.5%	183	13.8%
グローバル・ブランド事業	87	7.0%	145	11.4%	174	13.1%
連結損益計算書での数値	1,164	100.0%	1,265	100.0%	1,329	100.0%

※億円未満を四捨五入しているため，各事業の合計金額が連結損益計算書の数値と一致していません。同様に，構成比も小数点第二位で四捨五入しているため誤差が生じます。

　次に，増益について考えてみましょう。増益の分析には，本業での収益力を表す営業利益を用います。ファースト・リテイリングの営業利益は表 3-6 のとおりです（注 1 の URL を参照）。ここからは，ファースト・リテイリングの増益事業が，国内ユニクロ事業から海外ユニクロ事業やグローバル・ブランド事業に移っていることがわかります。国内ユニクロ事業の営業利益は減少傾向にありますが，海外ユニクロ事業およびグローバル・ブランド事業の 2013 年の営業利益は，ともに 2011 年の 2 倍以上になっています。

　さらに，本業で効率よく稼げたかを見る指標である売上高営業利益率について分析してみましょう。売上高営業利益率は，売上高に対する営業利益の割合であり，次のように計算します。

$$売上高営業利益率（\%）= 営業利益 \div 売上高 \times 100$$

　表 3-4 と表 3-6 の数値から求めたファースト・リテイリングの売上高営業利益率を表 3-7 に示します。（例：国内ユニクロ事業の売上高営業利益率＝ 1,062 ÷ 6,001 × 100 ≒ 17.7%）

表 3-7　ファースト・リテイリング，各事業の売上高営業利益率

	2011 年	2012 年	2013 年
国内ユニクロ事業	17.7%	16.5%	14.2%
海外ユニクロ事業	9.5%	7.1%	7.3%
グローバル・ブランド事業	7.0%	9.5%	8.4%
連結損益計算書での数値	14.2%	13.6%	11.6%

※表中の数値は，小数点第二位で四捨五入しています。

　ファースト・リテイリングの売上高営業利益率（連結損益計算書での数値）は，国内ユニクロ事業に大きく影響を受けていることがわかります。なぜなら，国内ユニクロ事業の売上高営業利益率の減少に比例して，ファースト・リテイリングの売上高営

業利益も減少しているからです。前述の営業利益の推移（表3-6）と合わせて考えると，ファースト・リテイリングは，国内ユニクロ事業の売上高営業利益率の減少に影響を受けつつも，海外ユニクロ事業やグローバル・ブランド事業に力を入れ，増収増益を図っていることがわかります。

最後に，国内事業である，株式会社ユニクロについて考察してみましょう。株式会社ユニクロの財務諸表は表3-8と表3-9のとおりです。

表 3-8　株式会社ユニクロの損益計算書の要約（単位：百万円）

	2012年		2013年		
	金額	売上高比	金額	売上高比	前年比（倍）
売上高	620,063	100.0%	683,314	100.0%	1.10
売上原価	320,554	51.7%	365,303	53.5%	1.14
売上総利益	299,509	48.3%	318,011	46.5%	1.06
販売費・一般管理費	197,162	31.8%	221,163	32.4%	1.12
営業利益	102,347	16.5%	96,847	14.2%	0.95
経常利益	102,433	16.5%	102,021	14.9%	1.00

※表中の比率は，小数点第一位，または第二位で四捨五入しています。

表 3-9　株式会社ユニクロの貸借対照表の要約（単位：百万円）

	2012年		2013年		
	金額	各構成比	金額	各構成比	前年比（倍）
資産の部					
流動資産	177,807	70.8%	320,398	80.8%	1.80
固定資産	73,267	29.2%	75,997	19.2%	1.04
資産合計	251,074	100.0%	396,395	100.0%	1.58
負債の部					
流動負債	135,944	54.1%	185,821	46.9%	1.37
固定負債	7,820	3.1%	8,028	2.0%	1.03
負債合計	143,764	57.3%	193,849	48.9%	1.35
純資産の部					
純資産	107,310	42.7%	202,549	51.1%	1.89
株主資本	121,827	48.5%	134,293	33.9%	1.10
負債・純資産合計	251,074	100.0%	396,398	100.0%	1.58

※有価証券報告書より，誤差が生じるため一部加筆修正を行っています。また表中の比率は，小数点第一位，または第二位で四捨五入しています。

損益計算書（表3-8）は，利益の発生原因を示し，企業の経営成績を明らかにするものです。まず2013年の損益計算書の売上高比に注目してみましょう。単純化すると，ここの数値が意味する所は，株式会社ユニクロは100円（売上高100%）の商品を売る

と14.2円（営業利益14.2%）の儲けがあるということです。さらに詳細に分析すると，売上高100円を獲得するために，53.5円（売上原価53.5%）で仕入れて，売値と買値との差額として46.5円（売上総利益：仕入れ値に上乗せした利益分）を，商品を売ることで儲けていることになります。また，商品を販売したり，事業を管理したりするために売上高100円に対して32.4円（販売費・一般管理費）を必要としており，結果として，売上高100円に対して14.2円の儲けとなっている，といえます。つまり，売上原価と販売費・一般管理費の増加が，営業利益が2012年よりも減少した理由だとわかります。

次に，貸借対照表（表3-9）は，純資産（経営を行う上での元手）の調達源泉と具体的な運用形態を表示し，企業の財政状態を明らかにするものです。まず，2013年の株式会社ユニクロの資金調達源泉の割合から考えてみましょう。仮に，総資本（表中の負債・純資産合計）の100%を100円とすると，1年以内に返済期限が来る流動負債が46.9円，1年を超えて返済期限が来る固定負債が2.0円，株主資本（株主，つまり株式会社の持ち主たちが出したお金）は33.9円となっているといえます。このことから，企業外部からの調達（流動負債と固定負債）は，総資本100円の半分程度であることがわかります。株主資本の割合は2012年より減少しましたが，純資産の構成率は増加しています。また調達した資本は，仮に総資産を100円として考えると，1年以内に現金または費用となる流動資産は100円のうちの80.8円，1年を超えて使用する固定資産は19.2円となります。つまり総資産のうちの8割が流動資産であり，2割が固定資産となっていることがわかります。

それでは，表3-8と表3-9から，株式会社ユニクロの収益性について分析してみましょう。収益性は，総資本利益率を総合指標として，売上高営業利益率と総資本回転率という2つの要素を用いて分析します。

総資本営業利益率は，総資本を100円とすると，そこからいくらの営業利益が生み出されるのかを表す指標で，次のように計算します。

$$総資本営業利益率（\%）＝営業利益÷総資本×100$$

売上高営業利益率は，売上高に対する営業利益の割合であり，100円の売上げが，いくらの営業利益を獲得できるかを表すもので，次のように計算します。

$$売上高営業利益率（\%）＝営業利益÷売上高×100$$

総資本回転率は，売上高が総資本の何回転分なのか，つまり総資本を100円とすると，これでどれだけの売上高を獲得しているのかを示します。この値が高いほど，資金運用効率が良いことになります。

$$総資本回転率（回）＝売上高÷総資本$$

これらの比率とその関係については次のとおりです。

$$\text{総資本営業利益率（\%）} = \text{売上高営業利益率（\%）} \times \text{総資本回転率（回）}$$

$$\frac{\text{営業利益}}{\text{総資本}} \times 100 = \frac{\text{営業利益}}{\text{売上高}} \times \frac{\text{売上高}}{\text{総資本}} \times 100$$

これらをもとに，ファースト・リテイリング（連結財務諸表）と株式会社ユニクロ（個別財務諸表）の上記3つの比率について計算すると，表3-10のとおりとなります。

表3-10 ファースト・リテイリングと株式会社ユニクロの収益性

	総資本営業利益率		売上高営業利益率		総資本回転率	
	2012年	2013年	2012年	2013年	2012年	2013年
ファースト・リテイリング	21.2%	15.0%	13.6%	11.6%	1.56回	1.29回
株式会社ユニクロ	40.8%	24.4%	16.5%	14.2%	2.47回	1.72回

※表中の数値は，小数点第二位で四捨五入しています。

　表3-10を見ると，収益性の総合指標である総資本営業利益率は減少しています。株式会社ユニクロの2012年の総資本営業利益率を考えると，仮に100円の資産を運用すると，40.8円の営業利益を獲得できたと考えられます。しかし2013年には24.4円となり，16.4円の減少となります。この結果，ファースト・リテイリングの総資本営業利益率も6.2円減少する結果となった，と考えられます。しかし，株式会社ユニクロと比べて，ファースト・リテイリングの総資本営業利益率の減少は小さいものです。その要因として，国内ユニクロ事業以外での総資本営業利益率が好調であったことが挙げられるでしょう。

　さて，先の表3-7の検討から，ファースト・リテイリングは，国内ユニクロ事業の売上高営業利益率に大きく影響を受けていることが判明しています。ここで，表3-10の売上高営業利益率を見ると，株式会社ユニクロは，2012年に売上高100円に対して16.5円の営業利益を獲得できていたといえますが，2013年には14.2円しか獲得できず，2.3円の減少となっています。これは，消費者の価格志向に応えるため，値引き商品に人気が集中したこと，販売不振商品の価格を変更したことに原因がある（注1のURLを参照）とのことです。

　総資本回転率については，ファースト・リテイリング，株式会社ユニクロとも数値が低下しています。表3-10より，株式会社ユニクロの回転率の低下の要因は，流動資産が前年の約1.80倍，純資産が約1.89倍になったためだと考えられます。先の公式で説明すると，分母が大きくなる，つまり総資本が増大すると回転率は悪化してしまうのです。

【考えてみましょう】☞110ページ

❸ 資金調達

　会社が事業活動を行っていくためには，本社や支店，工場や機械などの設備がいるほか，従業員に給料を支払ったり，取引先に仕入代金を支払ったりするなど，さまざまなお金が必要となります。これら会社の活動に必要なお金を資金といい，その資金を集めることを資金調達といいます。

3-1　資金調達の方法

　会社が必要とする資金は，会社内部で発生した内部資金と，会社外部から調達した資金である外部資金で構成されています。外部資金は，その調達方法によって，金融機関からの借り入れによる資金調達，社債発行による資金調達，株式発行による資金調達の3つの方法に大別できます。

1　内部資金

　内部資金は，通常の生産・販売活動を通じて会社が生み出した資金のことをいいます。内部資金には会計上，内部留保と減価償却があります。内部留保は社内留保ともよばれ，当期未処分利益から株主への分配である配当金や経営者への分配である役員賞与金など，利益処分として社外流出した分を差し引いた残りです。内部留保は，貸借対照表の純資産の部に記載される利益剰余金として計上されています。利益剰余金は，利益準備金，その他利益剰余金（任意積立金など）があります。

　減価償却は，建物，機械，備品などの有形固定資産について，使用や時間の経過につれ，経済的な価値が減少していく分を，それを使用する期間（耐用年数）にわたって徐々に費用としていくことをいいます。その費用分の現金が会社の内部に留保されます。

　内部資金は，返済や利子・配当金の支払いが不要ですので，最も安定的な資金調達手段です。

2　外部資金
(1) 金融機関からの借り入れによる資金調達

　会社が金融機関から借り入れた資金は借入金とよばれます。金融機関には，銀行，信用金庫，信用組合などのさまざまな種類がありますが，以下ではその中でも代表的な金融機関である銀行を中心に説明します。

　資金に余裕がある資金提供者である個人や会社は，安全性を確保するため，また少しでも利息をもらうため，銀行などに資金を預けます（預金）。銀行は預かった資金を，資金を必要としている会社などに借用証書などと引き換えに貸し付けます。このことを融資といいます。この時，銀行は資金を預かるときに資金提供者に支払う利息（預金金利）よりも高い利息（貸出金利）で融資を行います。この預金金利と貸出金利との差を利ざやといい，銀行の収益の柱の1つとなっています。

　会社が銀行から借りた借入金は，会計では負債（他人資本）となります。借入金には

利息がかかりますので，会社は銀行に利息を支払い，期日が来れば元本を返済する必要があります。

(2) 社債発行による資金調達

会社は，社債（借用証書の役割を果たす）を発行し，それと交換に資金を調達することができます。つまり，これは会社が社債を購入した人から資金を借りている（借金をしている）ことになります。社債を発行して調達した資金も会計では負債（他人資本）となるので，会社は資金提供者に社債利息という形で定期的に利息を支払い，期日が来ればその資金を返済する必要があります。

(3) 株式発行による資金調達

会社は株式を発行し，それを資金提供者に購入してもらうことによって資金を調達します。この場合，証券会社が仲介を行います。資金提供者である株主は，会社が儲かった時，利益の一部を配当金として受け取ることができるほか，株価が値上がりした時に売却して，値上り益を獲得することができます。前者をインカム・ゲイン，後者をキャピタル・ゲインといいます。株式発行により調達した資金は，銀行からの借入金や社債発行で調達した資金と異なり，純資産（自己資本）となります。そのため，銀行からの借入金や社債発行で調達した資金と異なり，返済する必要はありません。また配当は業績により増減し，無配の時もあります。

3-2　間接金融と直接金融

外部資金の調達方法のうち，金融機関から資金を調達する流れを「間接金融」，社債や株式を発行して資金を調達する流れを「直接金融」といいます。

1 間接金融

間接金融とは，銀行などの金融機関が資金提供者から資金を預かり（預金），その資金を必要としている会社に貸し出す流れをいいます。この「間接」は次のことを指します。

> ①資金提供者が会社に直接，資金を提供するのではなく，銀行などの金融機関が預金者に代わって間接的に資金を提供しています。
> ②資金提供者は，銀行が貸した会社が倒産しても，直接リスクを負うことはありません（ただし，預金した銀行が破たんし，ペイオフが発動された場合，一定額以上の預金は削減される可能性はあります）。

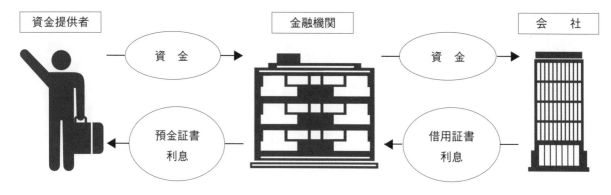

図 3-2　間接金融の流れ

　ペイオフとは，預金保険制度に加盟している金融機関が破たんした場合の預金者保護の方法の1つで，預金者への保険金の直接支払い（ペイオフ方式）のことです。ペイオフ方式が適用された場合，預金は普通預金と定期預金の合計1,000万円とその利息までしか払い戻しを受けることはできません。銀行に預けている外貨預金などの一部の金融商品は対象外ですので注意しましょう。

2 **直接金融**

　直接金融とは，会社が証券市場において社債や株式を発行し，資金提供者から直接資金を調達する流れをいいます（証券会社が仲介を行います）。この「直接」は次のことを指します。

> ①資金提供者は，資金を必要としている会社がどのような会社かをわかった上で，資金を提供しています。
> ②資金提供者は，所有している社債や株式の発行会社が倒産した場合，提供したお金の大半を失うという直接のリスクを負っています。

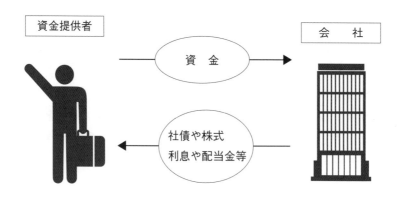

図 3-3　直接金融の流れ

社債発行により調達した資金は返済する必要がありますが，株式発行により調達した資金は返済する必要はありません。また，社債の利息は発行時点で定めた率や利払い方法で必ず支払わなければなりませんが，株式の配当は決算期ごとの業績で増減します。さらに，社債の保有者は経営には参加することはできませんが，株式の保有者（株主）は株主総会に出席して議決権を行使することで経営に参加することができます。

3-3 株式市場の仕組み

会社の資金調達の代表的な市場として，株式市場があります。株式市場は，株式を発行して資金を調達する場ですが，それ以外に，資金余剰部門が保有する資産を運用する場でもあります。そこで発行され流通している株式の多くは普通株式ですが，それ以外に株式にはさまざまな種類があります。また株式が発行され流通している株式市場は，東京や名古屋など，いろいろな場所で開設されています。

1 株主の権利

会社の資金調達に応じた投資家である株主は，さまざまな権利を有しています。代表的な権利に，剰余金配当請求権，残余財産分配請求権，議決権があります。

剰余金配当請求権とは，会社が稼いだ利益の中から，配当金を請求する権利です。残余財産分配請求権とは，会社が事業を解散する際に，残余財産があればそれを分配するよう請求する権利です。最も会社が解散するのは，多くの場合，資産より負債が多くなり経営破たんに起因するので，残余財産はあまり期待できません。議決権とは，会社の最高意思決定機関である株主総会において，取締役の選任・解任，利益処分案などの議案に賛否を投票する権利です。

2 株式の種類

会社が発行する株式は，普通株式が中心ですが，それ以外に種類株式とよばれるものがあります。

普通株式とは，その名の通り普通の株式です。種類株式とは，剰余金の配当，残余財産の分配，株主総会での議決権などについて，普通株式とは異なる権利内容を有する株式のことです。普通株式より配当や財産分配を優先する代わりに議決権が制限される優先株式や，配当や財産分配の順位が他の株式より低い劣後株式などがあります。優先株式は，経営再建中の会社が金融機関や主要取引先などに資本支援をする場合に発行される例が大半です。種類株式は株式市場に上場されることはほとんどありませんが，伊藤園のように資金調達手段の選択肢を広げるなどの目的で優先株式を発行し，普通株式とともに上場している会社もあります（2015年2月現在）。それではここで，伊藤園の普通株式と優先株式のそれぞれの株価と，配当金の額を調べてみましょう。伊藤園のウェブサイトにある「企業情報サイト」→「財務・IR情報」→「利益配分の方針」を閲覧して確認しましょう。因みに2016年1月現在，普通株式は2800円前後，配当金は年40円，優先株式は1800円前後，配当金は年50円となっています。

3 株式市場の種類

　株式が発行され，流通する市場を株式市場といいます。株式市場は，証券取引所（金融商品取引所）を指します。日本には，東京証券取引所（東証），名古屋証券取引所（名証），福岡証券取引所（福証），札幌証券取引所（札証）の5つあります（2013年7月まで大阪証券取引所がありましたが東証と合併し，現在，デリバティブ市場として大阪取引所となっています）。また，東証と名証には1部市場と2部市場があるほか，すべての取引所には，新興企業向け株式市場があります。東証にはジャスダックとマザーズ，名証にはセントレックス，福証にはQ-Board（キューボード），札証にはアンビシャス市場があります。

　証券取引所に株式を上場するには，上場基準を満たす必要があるなど，さまざまなハードルがあります。上場基準は，時価総額（発行済み株式数×株価）や流通株式比率（除く少数特定者持ち株比率）などの基準があります。東証2部市場に上場するには時価総額20億円，流通株式比率30％が要求されます。比較的上場基準が緩やかな新興企業向け株式市場である東証ジャスダック市場では，時価総額5億円，流通株式比率は「1000単位以上かつ10％以上の公募・売り出し」が条件となっています。

【考えてみましょう】☞111ページ

東京証券取引所

Chapter 4 情報とビジネス

　一般的に「情報」と「データ」との関係は,「さまざまなデータの中で,人の意志決定に関わるものが情報である」と表現されます。情報サービス・システムは,経営と強く結びついていますが,消費者がユーザとなる場合については,前章ですでに述べてきました。この章では,消費者ではなく,企業がユーザとして利用する情報システムについて取り上げます。また,広告や広報は,消費者の意志決定に大きな影響を与えており,企業にとっては大変重要な情報発信源であることから,このことについても取り上げます。そして最後に,情報そのものが商品ともいえる,コンテンツ産業について説明します。

❶ 小売業での経営情報システム

1-1　経営情報システムの概要

1 販売管理システム

　衣料品店やスーパーマーケットのような小売業においては,仕入・販売・販売代金の回収が主な仕事になりますが,その中でも販売が最も重要な仕事です。たとえば衣料品小売業においては,販売時の接客が重要な仕事です。しかし,本節が想定している衣料品小売業のチェーンストアでは,百貨店や高級衣料品店のような,販売員が顧客と接することが前提である対面販売方式でなく,顧客が自身で品定めを行う,セルフ販売方式が主流となっています。

　そのため,販売員が顧客に直接商品購入の働きかけをしないため,POP（Point of Purchase advertising：商品を紹介し,購買意欲を促すコピーやイラストが描かれたカード）やマネキンなどで,消費者の購買意欲を誘うような心理的アプローチを行います。そして,そのアプローチの前提として,顧客が欲しがる商品を陳列していくことが基本になります。そのため,店舗の側は,顧客の要望に沿った品揃えをしておくことが重要です。「顧客は何を欲しがっているか」の情報は,各種統計データやメディアからもある程度得ることができますが,それらのほとんどは過去の情報で,現時点や今後の販売にはほとんど有効ではありません。

　衣料品のように,季節ごとに頻繁に変わる顧客の要望や好みは,その情報のリアル性が大変重要です。これは食品スーパーやコンビニエンスストアの場合も同様で,生鮮食品や総菜・弁当などに対する顧客の要望を,リアルタイムに把握することは必須です。そのためには,顧客が購入した商品情報（品名・規格・購入数）を詳細に記録して分析しておくことが必要です。しかし実際の店舗において,販売員やチェッカー（会計係）が,顧客の購入した商品の詳細な情報を,リアルタイムに記録するのは不可能です。セルフ販売が中心の,比較的規模の大きい店舗においては,スーパーマーケットやコンビニエンスストアの,POS（Point of Sales：販売時点管理システム）と同様のものを導

図 4-1　POS レジスタ概観（左）およびバーコードが印刷された値札（右）[1]

入しています。

　これは，商品に添付されたバーコードを POS レジスタ（図 4-1）のスキャナなどで読み取り，POS レジスタと接続されている，バーコードに対応する商品の情報を検索し（図 4-2），売上データ（バーコード番号，商品名・商品規格，販売数量）として編集・蓄積し，店舗を統括している本部に通信回線を介して送付します。同時に，商品情報をレシートに印字します。

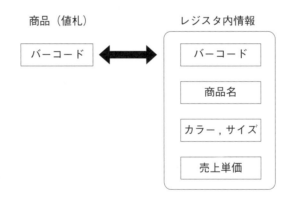

図 4-2　バーコードによる商品情報の検索

　本部においては，各店舗から送られてきた売上データを，商品別や分類ごと（衣料品の場合は，「アウター」「トップス」など）に売上数量や売上高を集計し，売上の状況分析に活用します。

2 仕入れ管理システム

　次に，商品の仕入れを管理するシステムについて述べます。衣料品を扱う小売業の場合，従来は衣料品専門の卸売り業（衣料品商社）に，仕入れたい商品の情報（商品名，サイズ，カラー，仕入単価など）とその数量を FAX などを使って注文（発注）してき

---

1) 株式会社 POSCO のホームページ 〈http://www.posco.co.jp〉 より（閲覧年月日：2014.9.9.）。

図 4-3　EOS の発注端末機（シャープ株式会社のホームページ[2]より）

ました。しかし，前述した POS レジスタの導入により，レジスタと接続している商品情報（商品の値札に添付されているバーコードを読み取り）を使って，注文情報（発注情報）を作成し，発注したい数量を入力するだけの発注データを作成し，ネットワークを介して仕入れ先に送信するため，その作業が大幅に軽減されました。

　このように，POS レジスタは販売時に使うだけではなく，仕入時にも活用することができます。このシステムは，スーパーマーケットやコンビニエンスストアの発注システムである EOS（Electronic Ordering System：図 4-3）と同様の発注端末機を用いて，発注データの作成・送信に使われています。

　本部では，各店舗から送付されてきた発注データを，仕入れ先・商品・発注店舗ごとに集計し，バイヤー（仕入の統括管理者）の確認を経て，仕入れ先に発注します。

③ 在庫管理システム

　販売管理システムと仕入れ管理システムの両データを集計し，さらに納品データと突合わせ，処理をすることにより在庫数量が算出されます。この場合，販売管理システムから得られる売上データは，在庫数量に対して差し引かれるデータで，反対に仕入れ管理システムから得られる仕入データは，在庫数量に対して加算されるデータとなります。在庫のデータには，店舗における在庫，物流倉庫における在庫，仕入れ先における倉庫の在庫などがあり，複数の店舗を統括管理しているバイヤー（バイヤーは商品群ごとに配置されています）は，これらのデータを常に把握し，余分な在庫の監視，在庫不足による品切れの防止に活用します。

　また，衣料品の場合，夏物・冬物など季節性の強い商品を扱っているため，季節が終わると，その季節を対象とした商品は，全く売れなくなります。さらに翌年の同じ季節に販売しようとしても，デザインや色などが陳腐化しているため，持ち越すことができません。衣料品の小売業ではこれらの対処として，季節の変わり目などに，販売単価を半額などに大きく引き下げる，いわゆる「バーゲン」として商品を販売します。しかしながら，このバーゲンは，店舗の経営にとって後ろ向きの販売であり，衣料品小売業の

---

2) シャープ株式会社のホームページ〈http://www.sharp.co.jp〉（閲覧年月日：2014.9.9.）。

見込んでいた利益を，大きく減少させてしまいます。さらに，バーゲンで売れ残りが発生した場合は，その商品を仕入れた仕入れ先（卸売り業や製造業）に返品という形で引き取らせることも多いのが，衣料品の業界の特徴です。

1-2　情報を駆使した新しい経営形態

　衣料品の業界は，「季節物を扱う」「返品が常に発生する」ということで，長年にわたり経営が難しく，安定した利益の確保も難しい業界でした。そのような業界に，ファーストリテイリング（ユニクロ）が情報システムを武器にする経営形態を採用し，急成長を遂げました（川嶋，2012）。2012年の時点での国外店舗も含めた総売上高は，9,286億円とほぼ1兆円に迫っています。

　ユニクロの店舗オペレーション（運営）の特徴として，各店舗には店長がいますが，仕入や販売の管理面では，スーパーバイザーとよばれる複数の店舗（大体6店舗）を統括して管理するスタッフの存在があります（川嶋，2012）。このスーパーバイザーは，常に自身の担当である店舗について，情報システムから得られる情報を活用し，各店舗の売上と在庫の動向をリアルタイムに監視しています。たとえば，すでに述べたように，売れ残りなどの不良在庫が発生しないよう，バーゲンなどの販売単価を大幅に減額する，いわゆる「見切り処理」の判断を行っています。ユニクロのシーズン真最中での販売単価の大幅値下げは，従来の衣料品小売業ではみられなかったことです。しかし，この方法によりシーズンの終わりでは，ほとんど不良在庫を残さないといった効果を生んでいます。

　さらに，SPAという経営形態は，従来の衣料品小売業のように，商品を製造業・卸売業を経て仕入をするのでなく，小売業であるユニクロ自身が商品を製造するという特徴があります。このような形態は，衣料品小売業で世界一の規模を持つZARA（スペイン）やH&M（スウェーデン），GAP（アメリカ）なども採用しています（川嶋，2012）。これは，製造業が小売店舗を持っている形で，いわゆる「製造直売」という形態です。この方式によって，従来型の製造業や卸売業の段階で発生する流通コストを省けるということと，店舗と製造工場が情報システムによって，直接つながることにより，顧客のニーズがそのまま商品の製造に直結することが可能になります。これは，余分な在庫の負担や品切れを少なくすることが可能になり，最終的に利益の確保の上で有利になります。ユニクロのこのような経営形態は，コンピュータネットワークを駆使した店舗のオペレーションによって実現されました。

【考えてみましょう】☞ 112ページ

❷ 広報とブランディング

　CMや広告，宣伝という言葉はよく耳にしますが，広報やブランディングという言葉はどうでしょうか。ここでは，マーケティングの一端を担っている広告や広報について理解を深めましょう。

2-1　広告と広報

　新メーカーAが若者向けシューズ「A'」を靴専門店で売り出そうとしています。メーカーAは新しく設立された会社ですから，会社はもちろんのこと商品の知名度もありません。あなたがメーカーAの社員だとしたら，どうやってその商品を消費者に知ってもらえるようにしますか。方法はいろいろとありますが，大きく広告（advertising）と広報（public relations）に分類することができます。広告や広報は，マーケティング活動のプロモーション領域と，それを顧客の立場からみたコミュニケーション領域を担います。

2-2　広告と広報の機能と役割

　広告と広報は，ともにメディアを利用するために混同されやすいのですが，機能や役割においては異なっています。ただし，宣伝やCM，PRなどの言葉は，広告にも広報にも使われる言葉と考えてよいでしょう。

　広告は，メディアからスペースや時間を購入して，商品・製品やサービスをアピールします。広告主（企業）にとって，広告は販売促進の1つであり，大量生産と大量消費を結びつける役割も担っています。広告は有料のメディアによるコミュニケーションと考えることもできます。消費者と商品・製品やサービスを結びつけるだけでなく，消費者と広告主（企業）とを結びつけるための，コミュニケーション手段といえます。近年では，無料でも使えるソーシャルメディア，広告主が管理可能なオウンドメディア（企業が消費者に向けて発信する広報誌，パンフレット，自社サイトなど）が加わった，トリプルメディアによるコミュニケーションの場が求められています。以前であれば，一方通行的なコミュニケーションでもよかったのですが，ソーシャルメディアやオウンドメディアなど，チャネルの使い方によってコミュニケーションの方法，手段も変わってきており，新しい時代のコミュニケーションのあり方が問われています。

　広報は，その英訳通り「大衆との関係」を担います。広報の一番大切な役割の1つは，企業の情報開示です。情報開示の目的は，企業とステークホルダー（利害関係者）や社会との関係構築の実現です。そのために，社内外に対して，企業の情報開示を適切に行います。広報は，メディアに情報提供しその開示を依頼します。この活動をパブリシティ（publicity）といいます。広告は，広告主の希望通りに情報開示することができますが，パブリシティの場合，情報の取捨選択はメディア側にあります。たとえば，報道（ニュース）として取り上げられるための費用は発生しませんが，ニュースの価値がないと判断されれば，取り上げてもらえないことになります。

企業がその活動を継続するためには，社会から認められ，社会とともに成長することが大切です。広報は，その活動のために社会の声を聞き取る役割ももっています。社会の情勢，競合他社の動向，自社への社会的評価などはもとより，多様化するステークホルダー（利害関係者）の声も拾い上げていきます。広告もコミュニケーションを重視しますが，広報はより強く深いコミュニケーションを求めているといえるでしょう。

2-3　広告・広報の種類

　広告・広報の種類を考える上で，一番わかりやすい分類がメディアでしょう。広告・広報媒体の代表的なものは，電波媒体であるテレビやラジオと，印刷媒体である新聞や雑誌を合わせた，いわゆるマスコミ4媒体が挙げられます。その他にも，屋外広告，交通広告，映画やスライド，ダイレクトメール（DM），折り込み，チラシ，POP広告，ノベルティ，プレミアム，PR誌，パンフレット，展示会，実演，CATV，CS，BS，インターネット広告などがあり，口コミも，コミュニケーションの構築のため重要な役割を担っています。ファッションイベントやスポーツイベントなどの主催や協賛なども，広告・広報活動の舞台となります。世界大会などに出場するスポーツ選手のスポンサーになることも，広告・広報活動の1つです。

　広告・広報の種類は，機能，地域，対象，内容などでも分類できます。たとえば，消費者向け，産業界向け，全国向け，地域ブロック向け，流通向けなどです。商品・製品やサービスなどにおいても，導入直前期，導入期，成長期，成熟期，衰退期と，それぞれ時期に応じた広告・広報が考えられています。また，商業広告と非営利広告でも分類することができます。前者は，企業広告，ブランド広告，商品広告，製品広告，サービス広告などで，後者は，公共広告，政府公報，意見広告などです。日本では，ACジャパンが公共広告を行っており，公共マナーや環境問題をはじめ，問題意識を高めるための提言や啓蒙だけではなく，警告といった強い注意を与えるような広告を打ち出すこともあります。

2-4　コミュニケーションの重要性

　コミュニケーション（communication）とは，どういう意味でしょうか。コミュニケーションをデジタル大辞泉でみると「1. 社会生活を営む人間が互いに意思や感情，思考を伝達し合うこと。言語・文字・身振りなどを媒介として行われる。2. 動物どうしの間で行われる，身振りや音声などによる情報伝達」とあります。広告・広報におけるコミュニケーションも同様です。コミュニケーションの場は，消費者同士から，企業と消費者，社会全体，そして世界規模となりつつあります。また，広告・広報は経済活動の一環ですから，たとえば自社の商品・製品やサービスの売上向上，認知度向上などのよい成果を生み出す必要があります。費用対効果や投資利益率など，効果測定を行うことも必要です。

　広告・広報では，コミュニケーションを支えるメディアを駆使し，よい成果を生み出すためのコミュニケーション構築が求められています。たとえば，マスマーケティン

グ，webマーケティング，広告，宣伝と4つにわかれていた部署を統合し，ワンメッセージを発信できる環境を作り，コミュニケーション構築強化を行っている日本のアパレル企業があります。このアパレル企業は，グローバル化に伴い，flagship shop（旗艦店）を立ち上げ，その結果，2014年アジア太平洋地域（小売業）で第2位のブランド力を認められました。また，自社サイトなどのオウンドメディアを活用したキャンペーンを展開し，成果を上げたインターネット総合サービス会社もあります。この企業では，重要業績評価指数（Key Perfomance Indicator）を事業で管理し，このキャンペーンに対しても数値目標が求められました。このキャンペーンの参加者数は50万人を超え，キャンペーンサイトのページビュー（PV）も180万回以上，SNSシェアは14万回にもなりました。もちろん，キャンペーン最大の目的であったセール送客数も目標の1.6倍という結果を出しました。この結果は，ビジネスとコミュニケーション構築が結びついたよい例といえます。

2-5 ブランディング

　広告・広報には，商品・製品及びサービスの販売促進や，認知度向上を目的にしたものと，企業が発信したいメッセージや，イメージを重点的に伝えるものの2つがあります。ブランディング（branding）は，企業のイメージだけでなく，その企業の商品・製品やサービスに対し，名称，ロゴ，キャッチコピー，広告などを用いて，共通イメージを展開します。

　たとえば，消費者がスポーツシューズを購入しようとする際，何を基準に購入するでしょうか。見た目のよさや色，形，あるいは履き心地を第一に考える消費者もいるでしょう。しかし多くの消費者は，購入するまでのある時点で，ブランドを決め手にしています。ブランド「A」は歴史的にも古く有名である，ブランド「B」は有名選手が使用している，ブランド「C」はあるスポーツに特化している，ブランド「D」は若者に人気であるなど，これらは企業や商品・製品・サービスがもつブランディングです。ブランドは，競合する企業や，商品・製品・サービスの差異を明確に示します。そして，購買意欲を促進するだけでなく，企業と消費者，商品・製品やサービスと消費者との信頼関係を深めます。

　ブランド（brand）には，焼き印，銘柄，商標，品種，品質，等級，種類，型などがあります。これらの意味からも，ビジネスにおけるブランドについて理解することができます。まず，ブランドとは，自他の識別が可能なことです。たとえば，「A」社であれば「A」社の商標（シンボルマークやロゴタイプ），「B」社であれば「B」社の商標と，商標1つで企業を区別することができます。ブランドとしての商標は，品質も象徴します。商品そのものの質，サービスの質，使い心地，保証，価格など，さまざまな指標による総合評価ともいえるでしょう。ブランディングが成功すると，企業そのものに，価値が生まれ，商品・製品・サービスにも付加価値がつきます。

2-6　CIについて

　ブランドには，企業としてのブランドと商品・製品・サービスのブランドがあります。この成功例を挙げるとすれば，「カップヌードル」がわかり易いと思います。

　カップヌードルは日清食品の商品・製品です。日清食品（正式名称は日清食品ホールディングス株式会社）という社名が企業としてのブランドであり，カップヌードルという商品名が，商品・製品・サービスのブランドにあたります。日清食品の商品・製品・サービスのブランドは，その他にも「チキンラーメン」「出前一丁」「ココナッツサブレ」「ピルクル」「十勝のむヨーグルト」などがあります。また，「日清どん兵衛」「日清焼そばU.F.O」「日清カレーメシ」など，頭に日清がついているブランドもあります。日清食品は，1948年に創業し，1958年に即席袋麺「チキンラーメン」を開発，販売してから，企業としてのブランドと，商品・製品・サービスとしてのブランドを構築し続けています。この発展の裏側には，企業の掲げるCI，MI，BI，VI，SIとCSR活動があります。

　CI（Corporate Identity）とは，企業イメージの統合化のことを指します。これは，企業の存在価値を高め，企業全体が統一するための取り組みです。CIには，MI（Mind Identity：企業理念の統一）と，BI（Behavior Identity：経営者，従業員の行動の統一）と，VI（Visual Identity：視覚の統一），SI（Sound Identity：聴覚の統一）などが含まれます。ブランディングは，徹底したCIが企業全体に貫かれているからこそ成り立つとも考えられます。また，CIは，CSR活動にも活かされます。CSRは「Corporate Social Responsibility」の略で，「社会貢献，環境への取り組み，ステークホルダーとの関わりなどの活動のこと」を指します。ブランディングは，CSR活動にも支えられています。

　広告・広報活動は，企業のCIをはじめCSR活動や，企業のブランディング，商品・製品・サービスのブランディングを熟知してはじめて，仕事に取り掛かることができるといっても，過言ではないでしょう。

2-7　ブランド・エクイティ

　ブランド・エクイティ（brand equity）とは，ブランドの資産価値として，目には見えない無形的価値のことを指します。その資産は，ブランド・ロイヤルティ（brand loyalty），ブランド認知（brand awareness），知覚認知（Perceived quality），ブランド連想（Brand associations）の4つからなります。ブランド・ロイヤルティは，ブランドに対してどれほどの忠誠心があるのか，長期間に渡って好意的でいてくれるのか，そのブランドを長く愛用してくれるのか，などの姿勢を表します。ブランド認知とは，潜在的に，消費者が購入したい商品・製品・サービスの候補に，そのブランドを思い出してくれる，もしくは認識してくれているかどうかを指します。知覚認知は，他の競合ブランドと比較したとき，優位性や識別性を保っているかということです。複数あるブランドの候補からあるブランドが選ばれた時，知覚認知が働いているといえます。ブランド連想は，ブランドに対してそのイメージがどの範囲まで及んでいるか，ということ

です。ブランド連想は，ブランドの特性，品質イメージ，顧客層イメージ，ブランドの使用感から連想されるライフスタイルイメージ，それらから派生するさまざまなものが挙げられます。ブランド・エクイティは，広告・広報活動にとっても大切な要素といえます。

2-8　老舗について

　広告・広報活動を考える上で，老舗を挙げておきたいと思います。日本は老舗とよばれる企業が数多くあります（図4-4）。老舗とは，たとえば創業100年以上もの長い年月をかけて事業を展開し続けてきた企業のことです。伝統と信頼が老舗を支えているともいえますが，時代の流れによる倒産や廃業した老舗もあります。では，生き残っている老舗と倒産・廃業してしまった老舗は何が違ったのでしょうか。CI，CSR活動，ブランディングを大切にしてきたかどうかも1つの要因として挙げられます。日本で創業した多くの企業は，当時から家訓や社是といった，今でいうCIにあたるものを掲げていました。それら家訓や社是には，CSR活動にあたる社会貢献，環境への取り組み，ステークホルダーとの関わりが含まれているものも数多くあります。また，商品・製品・サービスそのものの品質がよく，その品質を維持し続けたことによって，信頼と信用を得てきました。信頼と信用は，そのままブランディングにもつながっています。老舗の中には，歴史的に培ってきた企業ブランドのイメージを保ちつつ，新たな分野を開拓し成功した企業もあり，世界進出を果たした老舗もあります。不易流行という伝統と革新に取り組むことができる老舗企業のあり方を知ることは，広告・広報活動を考える上でも重要なことといえます。

【考えてみましょう】☞ 113ページ

図4-4　京の読みもの京の老舗 JR東海の京都観光情報【そうだ 京都，行こう。公式サイト】〈http://souda-kyoto.jp/knowledge/shinise/〉より（閲覧日：2016.2.2.）

❸ コンテンツビジネス

　ビジネスとしてコンテンツを考える場合,「産業」という観点からとらえることができます。「コンテンツ産業」とは,映像(映画,アニメ),音楽,ゲーム,書籍などの制作・流通を担う産業の総称であり,我が国のコンテンツは「クール・ジャパン」として海外からも高く評価されており,海外展開を目指した成長を見込める有望な産業とされています。また「コンテンツ産業」は経済波及効果が大きく,その効果は製造業などの非コンテンツ産業にも及びます。

　コンテンツ産業の現状としては,市場規模は約12兆円(2012年)で,米国に次いで世界第2位の規模です。近年は少子・高齢化により,わずかにマイナス成長が続いていますが,今後の持続的な成長のためには,日本のコンテンツの価値を活かし,海外からの収益を獲得していくことが重要だとされています(経済産業省,2014年)。

3-1　コンテンツ産業とは

　コンテンツ業界の動向をまとめた『デジタルコンテンツ白書2013』によると,コンテンツとは,「様々なメディアで流通され,動画・静止画・音声・文字・プログラムなどによって構成される"情報の中身"。映画,アニメ,音楽,ゲーム,書籍など。」と定義されています。テレビや新聞などのニュース,広告,マンガなども含まれており,これらを生み出す産業全体は「コンテンツ産業」とよばれています。近年では,コンピュータのような情報機器を中心または基本とした,マルチメディア環境によって提供される内容や中身のことをコンテンツとよんでいますが,このコンテンツ産業は,情報産業(情報管理のツールとしてのサービス+情報加工の商品)であるとともに,エンタテインメント産業(作品性を要点にした商品やサービス)としての側面を持っています。

3-2　クリエイティブからコンテンツ産業へ

　映画を例として,クリエイティブからコンテンツ産業への流れを説明します。映画は,製作するというクリエイティブワークが主ですが,実際には,パッケージや配信,あるいはマーチャンダイズ(商品化)などが,市場の収益としては「主」です。それにもかかわらず,興業が最初に行われるという理由だけで,映画以外のビジネスは「2次利用」として位置づけられてきました。

　従来のコンテンツ論では,市場のニーズに応えることよりも,創作現場の知恵や経験を整理し,伝授することが重要という傾向がありました。しかし,欧米においては,社会の情報化にともないコンテンツビジネスが高度化し,さらに新興国では,そのビジネスの活性化により,対外的な自国のイメージ向上を狙うといった策が求められるようになりました。そのため,「現場の経験と知恵」へ科学的なアプローチを導入することで,コンテンツ産業に従事する人材の,組織的な育成や産業プロセスの効率化の推進が必要となってきたのです。

3-3 コンテンツ市場の特性

コンテンツ市場を考えるときに，一般の消費財（商品）とは異なった，いくつかのキーワードが存在します。それは，「バリューチェーン」や「マルチウィンドウ」，そして「グッドウィル」です。

1 バリューチェーン

コンテンツ産業において，原材料としての原作・脚本などの調達から始まり，各種制作工程を経てDVD販売，キャラクターなどの商品化の流通といった，実体をともなう現象をバリューチェーンといいます。コンテンツの原作品などに対して，各プロセスにて価値（バリュー）を付加していくことが，産業の主活動であるというコンセプトに基づいたものです。この種のバリューチェーンを，複数の関連業種で制作と販売（窓口という）を分担することを，「製作委員会方式」といいます。

2 マルチウィンドウ

一般の商品やサービスに比べて，映像系・音楽系など大部分のコンテンツ市場は，複合化・総合化しており，これをマルチウィンドウとよんでいます。つまり，1つの映像ソースはさまざまなメディアに異なるタイミングで価格にも差をつけて展開されます。アニメをはじめとする映像商品であれば，劇場公開➡DVD発売➡TV放送といった流れです。この複次市場ではシリーズ化，続編などの拡大化や外伝，別編（もともとの作品の世界観は変えず，焦点・視点を変えた派生的作品で，「マルチモダリティ」ともいわれる）といった，総合的な商品化が連鎖ビジネスとして企画される事が多くあります。

3 グッドウィル

グッドウィルとは，信用や暖簾・老舗などの潜在的価値です。メディアを通して企業のイメージ，商品が使われるシーンを，コンテンツのストーリーにさりげなく登場させることで，グッドウィルの残像効果を与えます。コンテンツのバリューチェーンにとって重要なのは，グッドウィルが作品の「形態」の一貫性を意味するだけでなく，作品の理念や世界観のような意図も連鎖させることです。こういう視点から，2次市場以降で「派生商品」を扱うサブ市場も生まれることがあり，商品企画・開発の初期の時点で，「派生商品」を想定するケースも増えてきています。

3-4 関連領域やマーチャンダイジング（商品化）への応用市場

コンテンツの市場では，コンテンツの一部（たとえば，キャラクターや小道具，メカ，特定のシーンなど）を切り出した商品やサービスの展開も，重要な収益源となります。コンテンツから派生したキャラクターグッズへの応用展開は，コンテンツビジネスにとって中核的な手法です。また，ディズニーランドやUSJに代表される，体験型テーマパークなども，コンテンツの特定シーンの実体験機会の提供するサービスモデルが存在します。

さらには，キャラクター販売だけでなく，キャラクターを活用した知育ビジネスや商品説明の容易化・理解促進，コンテンツテーマを利用した企業イメージのプロモーション・人材募集など，コンテンツのもつ魅力を生かした展開も考えられます。

3-5　クール・ジャパンとコンテンツ

2002年，アメリカの研究者ダグラス・マックレイが，国民総生産（GNP：Gross National Product）ではなく，国民総魅力（GNC：Gross National Cool）というスケールで国力を計った結果，日本が世界一の文化大国であると発表しました。この指標は，アニメなど，世界の人々を惹き付けている日本カルチャーを評した，「クール・ジャパン」という言葉とともに，世界に広まりました。グローバリゼーションの中で，重要になる国家ブランドの構築に向けて，伝統ある日本文化と同時に，ポップカルチャーの魅力を海外に伝えるコンテンツ産業の重要性は，今後ますます高まると見られています。

現在，戦後日本の高度経済成長を支えたサプライサイド（需要と供給のうち，供給側をてこ入れして経済成長を促進させること）重視，垂直統合（商品の開発・生産・販売を1つの企業グループで実施すること），顧客の囲い込みやシェア獲得重視などを特長とする重厚長大産業（鉄鋼・造船・化学工業など）の衰退が進んでいます。その中で，クリエイティブ産業を中心とする，コンテンツによる活性化と海外戦略（クールジャパン戦略）を目的とした，「コンテンツ振興戦略」の推進が急務のものとなっています。

3-6　知的財産ビジネス（権利ビジネス）としてのコンテンツマネジメント

コンテンツ（特にデジタルコンテンツ）はデジタルデータで作られています。デジタルデータはアナログデータよりも劣化しにくい特性があります。このため，デジタルコンテンツは複次市場の商品として適したものといえます。しかし同時に海賊行為も発生しやすくなっています。前述のマルチウィンドウ（図4-5）やグッドウィルの観点から考えれば，コンテンツビジネスとは「コンテンツという知的財産をベースにした収益の実現」ということになります。つまりコンテンツマネージメントは，権利の収益の最大化を目的とする商業行為となります。コンテンツビジネスは，知的財産としての著作権を中心に，商標権，意匠権などの管理・行使によって，権利をビジネス化することと考えられます。

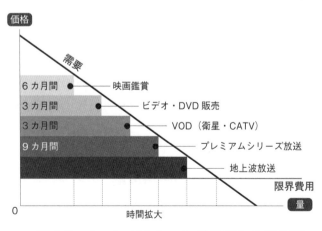

図4-5　ウィンドウウィングモデルの概念図
（木村（2007）より）

【考えてみましょう】☞ 114ページ

Chapter 5 法とビジネス

　法律は私たちの生活に広く関わるごく身近な存在です。これはビジネスの場でも同じです。しかし，実際に法律を詳しく調べ，その内容を意識しながら仕事をする人は多くありません。そのため，無意識のうちに法律にふれる行為をしてしまった，予期せぬ損害を被ってしまったという話が世の中にはたくさんあります。

　思わぬところでつまずかないためにも，日頃から仕事に関係する法律について関心をもって接することが大切です。ここでは，ビジネスに関係の深い，契約，会社，雇用に関する法律について学んでいきます。

❶ 取引・商談＝契約

　ビジネスは，取引・商談の繰返しで成り立っているといっても過言ではありません。たとえば，お店で売る商品の仕入れや販売の中身は「売買」という契約行為です。契約は，ほとんどのものやお金の移転を可能にする優れた手段で，現代社会に欠くことのできない役割を果たしています。

　企業同士が取り交わす契約は，私たち消費者の場合と比較すると量も金額も大きく，そのため成功すれば，大きな利益や安定した収入をもたらすことになります。しかしこれと反対に，重要な商談が頓挫すれば，収益が悪化し，ついには経営破綻につながる原因にもなります。ビジネスの場で取り交わされる契約は，大型契約ばかりではありませんが，契約は事業や組織の浮沈に関わる大切な要素であることは確かです。将来組織の一員として，また責任ある立場の者として，「ビジネス社会＝契約社会」という発想のもとで，細心の注意と最新の知識をもって取引・商談に臨むことが求められます。

1-1　契約って何

　契約は，人や企業などの間で交わされる法律的な約束事です。これを法律行為といいます。そして，契約は契約する内容を成立させようとする当事者間の「意思表示」，つまりお互いが「合意」することによって成立します。

> 【キーワード：契約の成立】
> 申込み＋承諾＝合意 ➡ 契約の成立

1-2　契約は守るのが原則

　当事者間で合意したことにより，契約の当事者にはお互いその合意した内容を守る義務が発生します。これが「契約の拘束力」とよばれるものです。たとえば，お店での買い物は売買契約の成立を意味します。その結果，次のように権利と義務すなわち「債権」と「債務」がそれぞれに発生します。

表 5-1　売買契約の場合の債権と債務

	債　権	債　務
お店（売主）	代金の支払いを請求する権利	品物を引き渡す義務
お客（買主）	品物の引渡しを請求する権利	代金を支払う義務

1-3　もし契約が守れなかった場合は

　仮に取引先やお客さんが約束通り代金を支払わない，品物が届かない，届いた品物に欠陥があったなど，これらのトラブルが起こった場合はどうなるのでしょうか。相手が契約した内容を果たしてくれない，これを法律的に考えると「債務不履行」の問題になります。約束を破ったとき，友人同士ではごめんなさいで済む場合もありますが，ビジネスの世界ではなかなかそうはいきません。次の法律問題に発展します。

1 強制執行

　債権を有する人（債権者）には，自分の権利を強制的に実現できる法律上の効果が認められます。しかし，ここでいう法律上可能な「強制」とは，乱暴な取立や相手の意に反して強引に持ち去ることまで認めるものではありません。あくまで公権力による強制，すなわち裁判など公の訴えに基づいた強制執行になります。

2 損害賠償請求

　お店で買ったセーターに穴があいていた，シミがついていた，これらの場合は品物の交換や代金を返還すれば問題は解決します。しかし，オーダーしたウェディングドレスが結婚式当日に間に合わなかった場合はどうでしょうか。おそらく貸衣装で間に合わせることになります。花嫁の精神的ショックに加えて貸衣装代が発生したことで，債務不履行による損害賠償問題に発展する恐れがあります。つまり，注文した品物が約束の期日に納品されなかったことによって（原因），本来必要ない出費という損害が発生していることから（結果），債務不履行による損害賠償責任が問われることになります（参照条文：民法415条）。

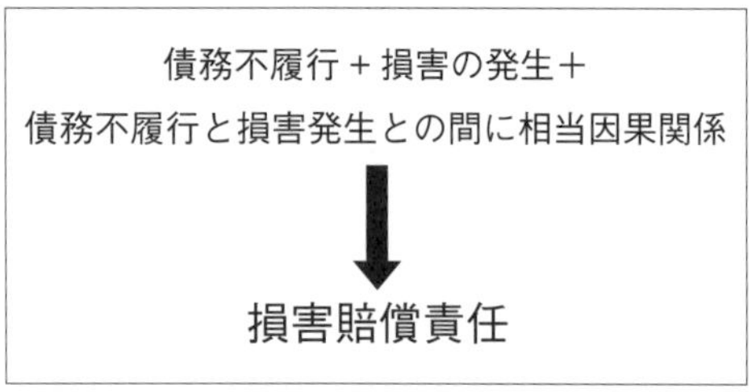

```
債務不履行＋損害の発生＋
債務不履行と損害発生との間に相当因果関係
           ↓
       損害賠償責任
```

図 5-1　債務不履行による損害賠償責任

3 契約の解除

　契約の拘束力により，一旦成立した契約を一方的に解除すること（解約）は，原則として認められません。しかし，債務不履行が発生した場合，法律の規定により債権者には解除する権利が認められ，意思表示によって契約を一方的に解除することができます。

　解除の方法は債務不履行の形態によって異なりますが，たとえばウェディングドレスやバースデーケーキなどその日に届かなければ目的が達成できない契約，これを「定期行為」といいますが，この場合は直ちに契約を解除することができます（参照条文：民法540–545条）。

【考えてみましょう】☞ 115ページ

❷ 会社の法律

　日本には会社が約410万あるといわれ，会社はあらゆる経済活動にとってなくてはならない存在となっています。わが国で設立が認められる会社は，原則として株式会社，合名会社，合資会社，合同会社の4種類です。しかし，実際に会社の多くは，株式会社の形態をとっており，株式会社は会社の王様ともいわれます。ここでは，株式会社を中心に会社の法律を学びます。

2-1　会社であるためには

　会社とは，会社法という法律に基づいて設立される組織です。会社には営利性と法人性という2つの要件が求められます。つまり，会社は利益を追求することを目的に，人々が集まって作られた集団ということになります。

　会社に求められる営利性とは，対外活動によって得た利益を構成員に分配することと定義されます。しかし，その意味は単なるお金儲けではありません。現在では事業活動を通じて得たお金を，従業員の暮らしや出資者の利益を守りながら，世の中を豊かにする活動を長く続けていくために使うことと広く理解されています。

　そして，法人とは，私たち人間以外に権利を得たり，義務を負ったりすることを法律が認めたものをいいます。会社法は，会社はすべて法人でなければならないと定めています。したがって，会社は設立が認められた時点からすべて法人であることになります。会社は法人であるからこそ，土地や建物などの財産を所有し，会社名義で銀行口座を開き，預金や融資を受けることができるのです。

【キーワード　会社の要件と目的】
❶会社の要件：営利性と法人性　参考条文：会社法3条，同5条。
❷会社の目的（利益の追求）：出資者の利益を守る，従業員の暮らしを守る，世の中を豊かにするものをつくる他。

2-2　株式会社

　会社といえば株式会社といわれるくらい，その数は他を圧倒しています。株式会社は株式を発行してお金を集めます。会社の代表格である株式会社について，詳しくみていくことにしましょう。

1　株式って何

　株式会社の特徴の1つが株式です。経営組織を作るためには，それに見合うだけの資本を集めなければなりません。これを「資本結集」といいます。この手段となるのが株式です。株式会社の場合，株式を発行することで，多くの人々からよりの多くのお金を集めて，事業を拡大していくことができます。会社の中で特に株式会社が発展してきた

のはこのためです。

2 出資と経営の分離：株主と取締役の関係

　株主は株式会社の社員，つまり会社に出資した人（会社のオーナー）ですから，経営に参加する権利があるともいえます。しかし，株主が増えて経営規模が大きくなると，なかなか株主の意見がまとまらず，会社本来の「利益を追求する」活動が円滑にいかない恐れが出てきます。そこで，株式会社では，株主に自分たちの会議である株主総会で会社の経営を委ねる取締役を選ぶ権利を認めて，選出された取締役が実際に従業員を指揮・監督して，会社を運営する仕組みを採用することにしました。このように，株式会社は株主が直接経営に参加するのではなく，お金を出す株主と経営を担当（業務執行）する取締役とが役割分担することで，活動がスムーズに進むよう工夫されています。

《用語解説》
❶ 社員
今回登場した「社員」という言葉は，会社員の社員ではなく，会社の構成員つまり出資者を意味しています。合資会社以外の会社は，社員1人から設立することが可能で，社員が1人だけの会社のことを1人会社（いちにんがいしゃ）といいます。
❷ 持株会社
「セブン＆アイホールディングス」や「みずほフィナンシャルグループ」のように○○ホールディングス，○○グループという会社名を目にすることがあります。これは持株会社にみられる名称です。持株会社とは他の会社の株式を保有することによって，その会社を配下に置くための会社です。持株会社は，1997（平成9）年6月の独占禁止法の改正によって，その設立が認められるようになりました（参照条文：独禁法9条5項）。

【考えてみましょう】☞ 116ページ

❸ 雇用と労働の法律

　会社は法人ですが，実質は人の集団です。人を雇用することで経営が可能となり，また，雇用される者は働くことで賃金の支払いを受けます。雇う側と雇われる側とそれぞれの立場は変わりますが，両者に関係してくるのが労働法です。雇用の形態が多様化する中でその重要性を増しています。

3-1　労働法の意義

　労働法とは，雇用に関係する法律の総称で具体的な法律名を表すことばでありません。その体系は広範囲にわたり，憲法の規定を出発点に，労働関係の基本から国の雇用対策や労働者保護を促すための法律や労働組合を対象としたものなど，日本国憲法の趣旨に立脚した法体系の整備が図られています。

```
憲法27条 ：　勤労の権利と義務　→　労働市場法，雇用対策法，職業安定法，
                                    職業能力開発促進法　他
          ：　勤労条件の法定　　→　個別的雇用関係法，労働契約法，労働基準法，
                                    労働者災害補償保険法，雇用均等法　他
          ：　児童の酷使の禁止　→　児童福祉法　他


憲法28条 ：　労働三権の保障　　→　労働組合法，労働関係調整法　他
               （団結権・団体交渉権・団体行動権）
```

図 5-2　労働法の体系

3-2　労働者って何

　一般に就職してから必要な法律と思われている労働法ですが，学生時代からすでに関わりの深い法律なのです。たとえば，労働基準法（略称：労基法）は労働者について，「職業の種類を問わず，事業又は事務所に使用される者で，賃金を支払われる者」と定めています。つまり，労働者とは常用，日雇，パート，アルバイト，派遣などの形態や正社員・非正社員の区別なく，労働の対償として賃金を受ける者すべてを含むことになります（参照条文：労基法9条）。

3-3　就職（雇用）は契約

　人を雇う，就職するという行為は，働く側（労働者）が雇う側（使用者）の指示に従って働くことを約束し，雇う側が賃金を支払うことを約束することで成り立ちます。この関係から，就職も契約であることが理解できます（労働契約）。

3-4　働く条件

　労働契約は契約の原則からすれば，使用者と労働者双方が合意すればそれで済むはず

です。しかし，雇う側からすれば，安い賃金でできるだけ長時間働いてもらいたいと考えがちになります。労使関係は対等が原則ですが，実際は雇う側が強くなりがちです。そこで，労働法はさまざまな規定を設けて労使関係の対等を実現することにしました。たとえば，労基法は労使対等という本来の趣旨に基づき，労働に関する侵してはならない最低条件を定めて労働者の保護を図っています。

① 労働時間

労基法は労働時間について1週40時間，1日8時間の最長労働時間を限度とするとしています。休憩時間は実労働時間が6時間を超えれば45分，8時間を超えたときは1時間与えなければならないと定めます。さらに，法定の最長労働時間を超えて労働した場合は，契約した賃金の最低25％増しの賃金を受け取ることができ，休日出勤したときは最低35％増しの割増賃金が保障されます（参照条文：労基法32-41・60・61条）。

② 休日・休暇

休日については，最低1週間に1日を，そして働きはじめてから6カ月経過し，その間出勤率が8割超えると年間10日間の年休（年次有給休暇）が保障されます。この年休は毎年増えていき，労基法は最高年間20日間まで保障すると定めています（参照条文：労基法35・37条）。

③ 賃金支払いの原則

賃金の支払い方法も詳細にその条件が定められており，一般に賃金支払いの四原則とよばれています（参照条文：労基法24条）。まず，賃金は日本国内で通用している紙幣もしくは硬貨で支払わなければなりません（通貨払いの原則）。そして，賃金は労働者本人に直接渡さなければなりません（直接払いの原則）。その他に，少なくとも月1回特定の日に支払わなければならないこと（月1回定期日払いの原則），いったん確定した賃金は全額支払わなくてはならないとしています（全額払いの原則）。

【考えてみましょう】☞ 117ページ

❹ 労働衛生

4-1 労働衛生とは

労働者の健康維持と疾病の予防，および労働環境の適正化に努めることをいいます。ILO（International Labor Organization：国際労働機関）／WHO（World Health Organization：世界保健機関）合同委員会（1950）は，労働衛生の目標を「あらゆる職業に従事する人々の肉体的，精神的および社会的福祉を最高度に増進し，かつこれを維持させること。健康に不利な諸条件に対して，雇用労働者を保護すること。作業者の生理的，心理的特性に適応する作業環境にその作業者を配置すること。」と定めています。以前は，職業性疾病や労働災害を予防することに重点が置かれていましたが，最近はさらに健全な労働環境の整備，労働者の健康保持増進を目標としています。

4-2 戦後の労働衛生の課題と行政の対策

現在，日本の労働者は約 6577 万人（総務省統計局「平成 25 年労働力調査年報」）となっています。表 5-2 には戦後の労働衛生の課題とその対応策を年代順に示しています。この労働者の健康の保持増進，職業性疾病の予防および快適な職場環境の形成を目的として，1947（昭和 22）年に労働基準法が制定されました。これによって，戦前の各労働者保護法令は，労働基準法に集約されて整備されました。この労働基準法は，労働契

表 5-2 労働衛生の課題と対策

年 代	課 題	対応策
昭和 20 年代	結核，赤痢，けい肺，重金属中毒の防止	・労働基準法の制定 ・衛生管理者制度の創設 ・全国労働安全週間の制定
昭和 30 年代	職業性疾病，労働災害の多発	・第 1 次産業災害防止 5 カ年計画 ・じん肺法，有機溶剤中毒予防規則制定
昭和 40 年代	鉛中毒，炭鉱災害による一酸化炭素中毒，チェーンソーによる振動災害，重量物運搬による腰痛など	・労働安全衛生法の制定
昭和 50 年代	生活習慣病予防，ストレス対策	・作業環境測定法の制定 ・化学物質有害性調査制度 （労働安全衛生法改定）
昭和 60 年代	健康保持増進の推進	・作業環境測定結果の評価 （労働安全衛生法改定）
平成 – 現在	健康保持増進のさらなる推進	・特殊健康診断項目への代謝物検査の追加 ・化学物質の危険有毒性表示制度 ・産業医の専門性の確保 （以上は労働安全衛生法改定）

約，賃金，労働時間，休憩，休日・年次有給休暇，年少者や女性の労働，災害補償，男女同一賃金などの労働条件の最低基準を規定しています。その後，1972（昭和47）年に，労働基準法やその他の安全衛生に関する規約の集大成として，労働安全衛生法が制定されました。労働基準法は，最低限の基準を示していたのに対し，労働安全衛生法は一歩進んで，健康障害を防止する対策や，より快適な職場環境を構築する対策を講じるための法律となっています。

また最近のトピックとして，2014年6月に労働安全衛生法の一部が改正されました。主な改正点は以下の通りです。

①化学物質管理のあり方の見直し
②ストレスチェック制度の創設
③受動喫煙防止対策の推進
④重大な労働災害を繰り返す企業への対応
⑤外国に立地する検査機関などへの対応
⑥規制届出の見直しなど

4-3　労働衛生対策の取り組み

労働衛生対策は，行政において事業者の取り組みに対しての支援措置や労働衛生対策促進のための事業の実施など，さまざまな対策が実施されています（図5-3）。

たとえば，製造から販売まで自社で取り扱うアパレル会社を考えてみましょう。今回は製造部門に絞って話を進めます。その工場では，毎年夏になると熱中症になる労働者が多発していたため，まず熱中症予防対策を計画しました（基本計画：労働災害防止計画）。次に基本的対策として，工場長以下の各部門の管理者に対して，熱中症予防対策ワーキンググループを立ち上げ，管理体制の見直しを図りました（労働衛生管理体制の確立）。そして，現場の作業環境調査（作業環境管理），作業場所や作業時間，作業方法や作業姿勢の調査（作業管理）を始めました。さらに，現場労働者の配置の見直しや，自宅での十分な睡眠や栄養補給などの（健康管理）調査を始めました。その結果，作業環境があ

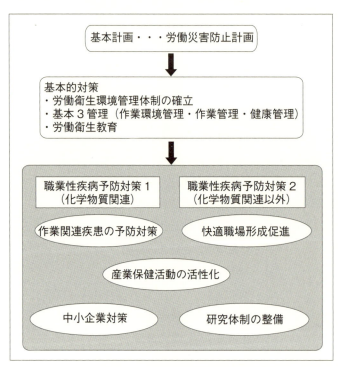

図5-3　労働衛生対策の体系

まりにも悪く，蒸し暑いことや作業中に水分補給が随時出来ないこと，また肉体的に負担の多い部門ほど高齢者が配置されていることがわかりました。この改善として，労働安全衛生の専門家からの意見をフィードバックし，工場内に熱中症予防安全衛生委員会を立ち上げました（研究体制の整備）。この委員会では，議論を重ねた結果，30分に1回は必ず水分補給を行うこと，工場内にスポットクーラーを設置し現場労働者の周囲を冷却すること，体力の低下した高齢者には作業負担の少ない部門に移動することを提案し実施しました。その結果，その年の熱中症にかかった現場労働者はだれもいませんでした（快適職場形成促進）。この例は，まさに労働安全対策の良好事例といえるでしょう。

4-4 労働衛生の3管理

労働衛生管理は，「作業環境管理」「作業管理」「健康管理」の3管理を基本とします（表5-3）。「作業環境管理」は，作業環境を把握し作業場における設備対策などを実施することで，有害要因を除去して快適な作業環境を保持増進するものです。「作業管理」とは，労働者の直接的な作業自体を管理し，職業性疾病予防を図ります。「健康管理」とは，定期的な健康診断などで労働者の健康を継続的に把握し，作業環境や直接的な作業との関連を検討し，衛生管理の改善に努めることとされています。以上の3管理に加えて，現在は労働者に対して作業と自身の健康の関連性を理解するための労働衛生教育が実施されています。さらにこれらのことが効果的に推進されるために，労働衛生管理体制の確立が推進されています。

表5-3 労働衛生管理の基本

		管理目的	管理内容
労働衛生の3管理	作業環境管理	発生の抑制	・代替 ・使用形態，条件，生産工程の変更 ・設備，装置の負荷
		隔離	・遠隔操作，自動化，密閉
		除去	・局所排気 ・全体換気 ・建物の構造
	作業管理	進入の抑制	・作業場所，時間，方法，姿勢 ・ばく露時間 ・呼吸保護具 ・教育
	健康管理	障害の予防	・生活指導 ・休養，治療 ・適正配置

4-5 労働安全衛生マネジメントシステムとは

　事業場（職場）において，安全衛生に関する方針の表明，安全衛生の目標設定，安全衛生に関する計画の作成，実施，評価及び改善を自主的，継続的に実施するための，安全衛生管理に関する仕組みのことをいいます。

　厚生労働省は1999（平成11）年に労働安全衛生マネジメントシステムに関する指針を公表し，2006（平成18）年に改正が実施されました。

1 指針の目的（指針第1条）

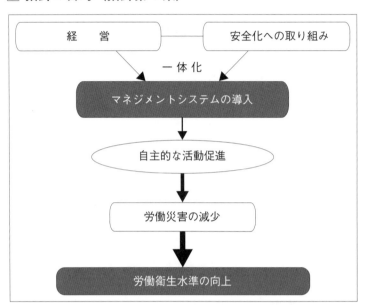

　事業者（経営者）が労働者の協力の下に，一連の過程を定めて継続的に行う自主的な安全衛生活動を促進することにより，労働災害の防止を図るとともに，労働者の健康の増進及び快適な職場環境の形成の促進を図り，もって事業場における安全衛生の水準の向上に資することを目的とします（図5-4）。

図5-4　労働安全衛生マネジメントシステムの目的

2 指針の特徴

①事業者（経営者）が安全衛生方針を表明することで，組織全体が一体となって取り組むことが出来るようになります。
②計画（Plan）－実施（Do）－評価（Check）－改善（Act）の一連の過程（PDCAサイクル）で構成されています。
③明文化や記録により，安全衛生担当者などへのノウハウの継承がしやすくなっています。

3 労働安全衛生マネジメントシステムの基本的な流れ（図5-5）

①事業者が安全衛生に関する基本的な考えを示します（指針第5条）。
②事業者が安全衛生方針に基づき，達成すべき目標点を設定します（指針第7条）。
③事業者が危険または有害原因を特定し，達成すべき目標点に向けて具体的な計画を策定していきます（指針第6条・8条・10条）。
④安全衛生計画に基づき手順を決定し，手順に基づき実施及び運用していきます（指針第10条）。

⑤安全衛生計画が順調に実施及び運用されているか,日常的な点検及び改善を実施していきます（指針第15条）。

⑥定期的なシステム監査の計画を作成し,適切に実施する手順を定め実施します（指針第17条）。

⑦作成実施した労働安全衛生マネジメントシステムの妥当性及び有効性を検証し,方針や手順の見直しなどを含め,全体を総括し改善していきます（指針第18条）。

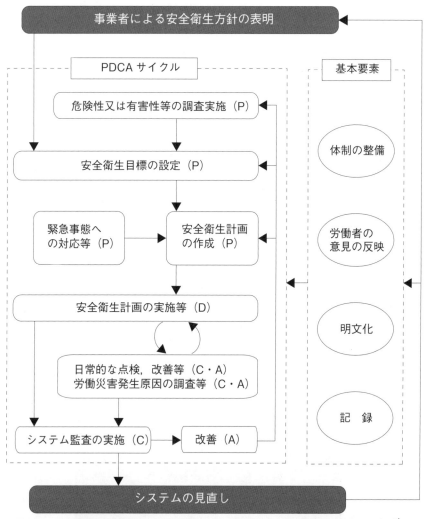

図 5-5　労働安全衛生マネジメントシステムの概要（流れ図）[1]

　この改善後,危険性または有害性などの調査を実施し,問題点が発見された場合は改めて安全衛生目標の設定を実施します。このPDCAサイクルを繰り返して,改善を進めていきます。

【考えてみましょう】☞ 118ページ

---

[1] 厚生労働省「労働安全マネジメントシステムに関する指針の改正について」〈https://www.jaish.gr.jp/anzen/hor/hombun/hor1-47/hor1-47-10-1-0.htm〉より（閲覧年月日：2015.8.6.）。

Chapter 6 行政とビジネス

❶ 主な行政機関

1-1　行政機関

　行政とビジネスが，なぜ，結びつくのか疑問に思われる方も多いことでしょう。ビジネスは民間人が行う以上，行政は介入しないものと思われがちです。しかし，日本に限らず，諸外国でも行政の関与の上に，ビジネスは成り立っているのです。日本を含めて，行政とは国家権力の行使，すなわち国家からの命令だからです。

　たとえば，私立大学というのは本来，自由に何でも決められるように思われますが，大学は国立大学・公立大学・私立大学を含めて，文部科学省の指導を受けているのです。また，民間の病院であれば厚生労働省，旅行会社であれば国土交通省などから指導を受けているのです。

　みなさんが知っている一番身近な行政としては，市役所や都道府県庁などがあり，このような行政を行う組織を行政機関とよびます。

1-2　中央省庁

　ビジネスに影響を一番与える主な行政機関について，みなさんは知っていますか。それは霞が関にある中央省庁（役所）とよばれる機関で，たとえば労働基準監督署は，厚生労働省傘下にある役所ということになります。関連する業界が，どのような中央省庁の下にあるかを知ることは，ビジネスでは非常に大切であり，一般常識としても大切です。

図 6-1　厚生労働省
〈http://www.mhlw.go.jp/kouseiroudoushou/〉より（閲覧年月日：2016.2.2.）

❷ ビジネスから考える行政に関する法

　どのようなビジネスを行うにしても，まずは「個人情報保護法」と「労働基準監督署」の知識は必須です。

2-1　個人情報保護法
　みなさんは，個人情報保護法と聞いて，どんなイメージをもっていますか。
　たぶん，個人情報を保護する法律なので，プライバシーに関する情報を規制した法律と思う人が大半ではないでしょうか。ここでは，個人情報保護法の正しい意味について学びます。

① 個人情報保護法
　個人情報保護法は，個人情報の有用性に配慮しながら，個人の権利利益を保護することを目的として，民間事業者が個人情報を取り扱う上でのルールを定めているのです。
　要するに，個人企業などを含めて民間でビジネスを行う人々が，個人情報を取り扱う上でのルールなのです。

② 個人情報
　個人情報保護法での個人情報とは，どんな意味だと思いますか。個人情報とは，生存する個人の情報，ある特定の個人を識別できる情報，という2つの条件を満たしたものを指します。
　そこで，その条件をもう少し詳細に見てみましょう。まず，生存する個人の情報とは，生きている人を対象としています。しかし，死者に関する情報であっても，生存している遺族の方などもいます。そのため，死者情報から生存している遺族情報に到達できる場合もありますので，注意が必要です。また，ある特定の個人を識別できる情報とは，具体的には氏名などを指します。
　ここで問題です。「12」という数字の学籍番号は，個人情報に該当するでしょうか。答えは×です。なぜならば，「12」の数字だけでは，特定の人物はわからないからです。しかし学籍番号である「12」に，「〇〇大学■■学部2年生」という情報が組み合わされた場合，特定の個人を識別できますので，「12」は個人情報に該当します。要するに，特定の個人を識別できる情報とは，1つの情報だけではなく，複数の情報の組み合わせでも該当するということなのです。
　それでは個人情報とプライバシーは，どのように違うのでしょうか。プライバシーとは，一般的には「他人の干渉を許さない，各個人の私生活上の自由のこと」を指します。したがって，個人情報とプライバシーとは意味合いが異なるのです。

3 個人情報取扱事業者

　個人情報保護法は，どういう人たちを対象にした法律でしょうか。一般的には，法律は誰もが守らなければならないと思っているはずです。この考えは間違ってはいませんが，法律によっては対象者を限定しているものもあります。この個人情報保護法は，まさに対象者が限定された法律で，その対象者のことを「個人情報取扱事業者」とよんでいます。個人情報取扱事業者という名称から，そのような職種があると勘違いしている人もいます。就職活動のシーズンになり，「将来は個人情報取扱事業者になりたい」と答える学生もいました。

　個人情報取扱事業者とは，5,000人分を超える個人情報を事業活動に利用する事業者のことです。そのため，一般個人や小規模事業者は法規制の対象外となります。ただし対象にならなくても，ビジネスを行う上では，顧客に対する信用やイメージなどを考えれば，順守する方がプラスにはなります。

　なお，個人情報取扱事業者の負う義務規定の適用除外となる場合には，次の五つがあります。

> ①報道機関が報道活動をする場合
> ②政治団体が政治活動をする場合
> ③宗教団体が宗教活動をする場合
> ④学術研究機関が学術研究をする場合
> ⑤著述を業として行う者が著述をする場合

4 個人情報取扱事業者の義務

　個人情報取扱事業者に課せられる義務としては，「利用目的の特定・公表」「適正管理，利用，第三者への提供」「本人の権利と関与」「本人の権利への対応」「苦情の処理」の5つのカテゴリーに大別することができます。以下でもう少し具体的に説明をします。

(1)「利用目的の特定・公表」

　「△△事業における商品の発送，関連するアフターサービス，新商品・サービスに関する情報のお知らせのために利用致します」「ご記入頂いた氏名，住所，電話番号は，名簿として販売することがあります」など，利用目的を特定する必要があります。

(2)「適正な管理」

　企業が最も力を入れて対策をしていかなければならないのは，この部分です。特に，組織的・人的・物理的・技術的な広範囲の安全対策をとらなければなりません。

表 6-1　4 つの安全管理措置

組織的安全管理措置	技術的安全管理措置
・個人情報保護管理者の設置など，組織体制の整備 ・社内規定の整備と運用 ・個人データ取扱い台帳の整備 ・安全管理措置の評価，見直し，改善 ・事故または違反への対処	・個人データへの閲覧認証・制御・記録・権限管理 ・不正ソフトウェア対策 ・移送，通信時の対策 ・動作確認時の対策 ・情報システムの監視
人的安全管理措置	**物理的安全管理措置**
・雇用時や契約時に非開示契約を締結 ・従業員に対する教育・訓練の実施	・入退館（室）管理 ・盗難対策 ・機器，装置などの物理的な保護

(3)「本人の権利と関与」

原則として，保持している個人データの内容や利用目的は，本人の求めに応じて，遅滞無く通知しなければなりません。訂正についても同様で，基本的に本人の求めに応じる義務があります。この場合に重要なことは本人確認です。本人または適正な代理人による依頼で，その申し出の内容が正しい場合のみ訂正に応じます。

(4)「本人の権利への対応」

受付窓口，受付方法，本人確認方法，手数料を定め，本人からの問い合わせに対応します。

(5)「苦情の処理」

努力義務ですが，昨今の CSR（Corporate Social Responsibility：企業の社会的責任）や IR（Investor Relations：投資家向け広報）の進展事情を考えると，重点項目として実施が求められます。また個人情報取扱事業者に対して，本人からの苦情に対応する体制を確立することを，個人情報保護法で求められています。苦情は基本的に，本人と個人情報取扱事業者の間，または認定個人情報保護団体を含めた三者間で解決することになります。

また，日本では「コンプライアンス＝遵法」という意味でとらえられていますが，欧米では「コンプライアンス＝苦情対応」が一般的です。

5 個人情報取扱事業者義務に違反した場合

個人情報取扱事業者は義務に違反し，主務大臣の命令にも違反した場合，「6ヶ月以下の懲役または 30 万円以下の罰金」の刑事罰が課せられます。また，主務大臣の勧告や命令が発せられる以前に，事件事故の公表が義務づけられています。したがって，その時点ですでに新聞やテレビでニュースとして取り上げられ，会社の評価は大きく失墜

することとなります。

2-2　労働基準監督署
1 労働基準監督署とは何か

　全国では，約430万の職場で約5,200万人が働いています。働く人にとって安心・安全な職場環境を実現するためには，労働基準法などで定められた労働条件が確保され，その向上が図られることが重要です。

　そこで，労働基準監督署という行政機関（厚生労働省）は，労働基準関係法令に基づいてあらゆる職場に立ち入り，労働法で定める基準を事業主に順守させています。そして，労働条件の確保・向上，働く人の安全や健康の確保を図っていますが，不幸にして労働災害に被災された方に対して，労災補償の業務を行うことも任務とします。

2 労働基準監督署へ多く寄せられる相談事例

> ①採用・労働条件に関する相談
> ②退職（退職金を含む）に関する相談
> ③解雇に関する相談
> ④年次有給休暇に関する相談
> ⑤賃金に関する相談
> ⑥就業規則に関する相談
> ⑦労働時間に関する相談
> ⑧安全衛生に関する相談
> ⑨割増賃金に関する相談

2-3　労働法

　実は，労働法という名称がついた法律は，六法全書のどこをみてもありません。それでは労働法という法律は存在しないのでしょうか。世間で労働法とよばれるものは，実は，労働問題に関するたくさんの法律をひとまとめにして労働法とよんでいるのです。たとえば，労働基準法や労働組合法をはじめ，男女雇用機会均等法，最低賃金法，労働契約法といったさまざまな法律があてはまります。

2-4　労働基準法
1 労働基準法

　労働基準法とは，労働者の賃金や労働時間，休暇などの主な労働条件について，最低限の基準を定めた法律です。

　労働基準法の基準に満たない就業規則や労働契約は，その部分が無効（契約を認めない）となり，代わりに労働基準法が適用されます。

2 法定労働時間

　法定労働時間とは，労働基準法で認められている労働時間です。労働基準法では，原則，1日8時間，1週40時間を法定労働時間と定めています。ただし映画・演劇業（映画製作の事業を除く）などは，例外として取り扱われます。

　また，企業が独自に労働時間を定めることもでき，これを所定労働時間とよびます。ただし，労働基準法より長い所定労働時間は，その超過時間が無効となります。たとえば，就職先と通常勤務1日9時間という契約（約束）をします。これは労働基準法に抵触しますので，1時間（所定労働時間9時間—法定労働時間8時間）は無効になります。よってこのケースでは，通常勤務で8時間労働をすればよいということになります。

　一般的には，所定労働時間＝法定労働時間となっていますが，法定労働時間よりも短い所定労働時間の方が，労働者にとっては望ましいと考えられます。しかし，現実的には，公務員以外には，あまり見受けられません。

3 平日の割増賃金

　法定労働時間を超えて働いた場合，所属の会社などから割増賃金がもらえます。

　時間外労働に対する割増賃金は，通常の賃金の2割5分（25％）以上の割増となります。なお，時間外労働には限度が定められており，原則として1か月45時間，1年360時間を超えないものとしなければなりません。また，休憩時間は労働時間に入りません。

　たとえば，ある会社の所定労働時間は8：00-17：00（休憩時間1時間）で，1時間当たり1,000円で働く労働者がいるとします。

　彼はある日，定時（8：00）に出勤し18：00まで働き9時間労働しました。この場合，1時間（実質労働時間9時間－法定労働時間8時間）は時間外労働になります。そしてこの時間外労働の時給は，通常の時給より多い，1,250円（1,000円×1.25）となります。つまり，この日給は，8,000円（時給1,000円×8時間：法定労働時間）に1,250円（1時間の時間外労働手当）を加えた，合計9,250円となります。

【8：00-18：00まで働いた人の日給】
8：00-17：00（休憩1時間）➡ 法定労働時間　8時間

¥1,000 × 8時間 ＝ ¥8,000

17：00-18：00 ➡ 時間外労働

1時間　¥1,250（¥1,000 × 1.25）

日給合計　¥8,000 ＋ ¥1,000 ＝ ¥9,250

別の日には残業（時間外労働）をして，23：00まで働きました。その時の日給はいくらになるでしょうか。

　この日の時間外労働は6時間（実質労働時間14時間－法定労働時間8時間）ですから，7,500円（1,250円×6時間：時間外労働時間）に8,000円（時給1,000円×8時間：法定労働時間）を加えた15,500円と計算した人は，残念ながら間違いです。

　時間外労働には，深夜労働というものがあり，深夜労働は時間外労働にさらに2割5分（25％）以上の割増となり，通常の賃金の5割（50％）以上の割増となるのです。因みに深夜労働とは，22：00-5：00までの時間帯を指します。

　よって，上記の問題の場合，時間外労働は5時間（17：00-22：00）で，6,250円（1,250円×5時間）となります。そして22：00-23：00までの1時間は，1,500円（1,000円×1.5×1時間）となります。つまりこの日給は，15,750円（8,000円：通常の日給＋6,250円：時間外労働手当＋1,500円：深夜労働手当）となります。

【8：00-23：00まで働いた人の日給】

8：00-17：00（休憩1時間）➡ 法定労働時間　8時間

¥1,000 × 8時間 ＝ ¥8,000

17：00-22：00 ➡ 時間外労働　5時間

¥1,250（¥1,000 × 1.25）× 5時間 ＝ ¥6,250

22：00-23：00 ➡ 深夜労働　1時間

¥1,500（¥1,000 × 1.5）

日給合計　¥8,000 ＋ ¥6,250 ＋ ¥1,500 ＝ ¥15,750

【考えてみましょう】☞ 119-120ページ

Chapter 7 情報発信力向上：数値データの理解と発信

ビジネスの世界にもさまざまな数字が登場します。企業や業界の特徴を表す数字は、単に丸暗記しても忘れるだけです。数値データを量の種類とともに理解すると、忘れることがありません。数値データを正確に理解し、発信することができれば、説得力あるプレゼンテーションが可能となります。

❶ 量の体系

量には数える量と測る量があります。たとえば人数は数える量であり、50m走のタイムは測る量です。数える量の場合、1はそれより小さく分けられない量であり、個数、人数などがこれに該当します。これに対して測る量の場合、いくらでも分割したりつなげたりすることができます。

表 7-1　数える量と測る量

〈数える量〉	〈測る量〉
1より小さく分けられない	無限に分割が可能
お互いに孤立していて繋がらない	つなげることが可能

測る量は、大きさを表す量と性質を表す量に分類することができます。大きさを表す量とは、長さ・体積・重さ・時間などです。一方、性質を表す量とは、ものの内に包んだ目には見えない性質を表す量で、速度・密度・温度・濃度・利率などです。

たとえば、お湯の体積は大きさを表す量ですが、お湯の温度は性質を表す量です。200mlで40度のお湯と300mlで50度のお湯を併せると、体積は

$$200ml + 300ml = 500ml$$

となりますが、温度は

$$40度 + 50度 = 90度$$

とはなりません。大きさを表す量は、併せることを足し算で表すことができますが、性質を表す量は併せることを足し算で表すことはできません。

表 7-2　大きさを表す量と性質を表す量

〈大きさを表す量〉	〈性質を表す量〉
大きさや広がり	内に包んだ質
「合わせる・併せる」＝「足し算」	「合わせる・併せる」≠「足し算」

性質を表す量は，度と率に分類することができます。代表的な度の例を挙げると密度や速度です。大きさ $10cm^3$ で重さ $200g$ の場合，密度は以下のように計算します。

$$200g \div 10cm^3 = 20g/cm^3$$

この $20g/cm^3$ という量は度です。「/」は割り算を意味しています。$g \div cm^3$ で求めた量を示しているのです。3時間で15kmを歩いた場合，速度は以下のように計算します。

$$15km \div 3 時 = 5km/時$$

この $5km/時$ という量も度です。度が違う種類の量を割り算して導かれた量であるのに対して，率は同じ種類の量同士の割り算です。たとえば定員100人の車両に乗客120人がいれば乗車率は以下のように計算します。

$$120 人 \div 100 人 = 1.2$$

度と違い人数という同じ量同士で割り算しているので，乗車率には単位がありません。消費税の税率も100円に対して消費税8円ですから $8円 \div 100円 = 0.08$ と計算出来ます。同じ円という量同士の割り算です。パーセントで表されているものは率であると考えてよいでしょう（単位がないので，$0.08 \to 8\%$ のように100倍してパーセントをつけて率であることを強調しています）。度と率の違いは次の1点です。

表7-3　度と率

〈度〉	〈率〉
違う種類の量で割り算した答え	同じ種類の量で割り算した答え

量の種類を整理すると以下のようになります。それぞれの量にあった理解や分析をするようにこころがけましょう。

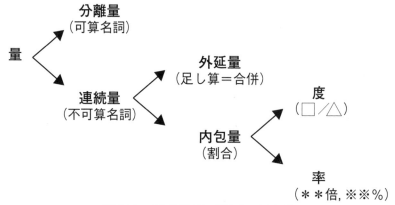

図7-1　量の体系（遠山, 1972）

❷ 数値の比較

2-1　差と割合

　数値を比較するときに，差（引き算）で比べる方法と，割合（割り算）で比べる方法があります。100円と110円を比較する場合，差で比べれば10円ですが，割合で比べると110 ÷ 100 = 1.1なので，110円は100円の1.1倍ということになります（あるいは100円は110円の0.91倍：100 ÷ 110 = 0.91）。割合で比べる際には，割合で比べることに意味があるかどうかをしっかりと考えてください。たとえば，気温が10度から20度になったときに，「気温が2倍になった」と表現してよいでしょうか。「10度上昇した」と表現する方が適切です。

　また，割合で比べる場合に，ある倍数だけ異なることを数値の差で表現することがあります。たとえば，地震の大きさを表すM（マグニチュード）は，数値に1の差があると大きさが約32倍違います。M5の地震はM4の地震の約32倍の大きさであり，M6の地震はM5の地震の約32倍の大きさです。M（マグニチュード）の値が2違うと，地震の大きさが1000倍異なるという決まりになっています。すなわちM6の地震はM4の地震の1000倍です。Mの値が1違うと約32倍というのは，Mが2違うときに1000倍違うという決まりから計算できるものです（32倍して32倍すると1024倍です）。この場合，6 − 4 = 2で求めた2は32倍2つ分という意味です。M（マグニチュード）の数字の割合，6 ÷ 4 = 1.5は，特に意味がありません。

2-2　的確な値の選択

　AとBの2種類の遮光カーテンがあります。Aは光を90%カットし，Bは光を99%カットします。価格はBの方が2倍近く高いです。99 ÷ 90 = 1.1ですから，性能は1.1倍しか変わらないので，安いAのカーテンを買うのがよいでしょうか。

　性能や状況を比較するときには，比較する数値を的確に選ばなくてはいけません。Aは10%も光を透過し，Bは1%しか光を透過しません。性能は10倍も違います。

　同じような部品を作る2つの工場があります。A工場は99.9%の部品が良品で，B工場は99.99%の部品が良品です。この場合も不良品率で考えれば，A工場は0.1%，B工場は0.01%です。不良品の数は10倍違います。そのまま出荷していれば，クレームの数が10倍違うということです。

　このように，性能や状況を説明する数値は，成功や良品についての数値と，失敗や不良品についての数値という両面があるので気をつけましょう。

2-3　条件を揃える

　ある薬の効果を測定する際，薬を飲むグループと薬を飲まないグループに分けて，薬の効果を検証します。その際に，薬を飲まないグループにも，見た目では薬のように見えるけれども薬ではないもの（人体に影響がほぼないもの）を与えます。

　両方のグループに「薬を飲んだ」という安心感を与えることで，本当の薬の効果を知ることができるのです。数値データを比較する際には，比較したいもの以外の条件が同じであることが重要です。

[コラム]　ビールの美味しさ

　最近の20代はビールをあまり飲まないそうですが，暑い日に飲むビールの美味しさは格別だという人も多いでしょう。このビールの美味しさを正しく評価するならば，暑い日に冷えた水を飲むことによって得られる満足を差し引かなくてはいけません。なぜならば，冷たさに満足している場合もあるからです。物事を正確に評価することは難しいものです。

❸ 変化・関係を説明する

3-1 比例・反比例

2つの量の関係を説明する言葉として，「比例」や「反比例」があります。日常会話では，「AがふえたときにBも増える」ときに「BがAに比例する」といい，「Aが増えたときにBが減る」ときに「BがAに反比例する」のような使い方をしている人が多く，またそれが許されている状況です。しかしながら，「BがAに比例する」というのはB÷Aの値がいつも同じ（ほぼ同じ）であること，「BがAに反比例する」というのはA×Bの値がいつも同じ（ほぼ同じ）であるということです。「BがAに比例する」のであれば，Aがゼロのときに B もゼロです。日常会話での「比例」「反比例」と，研究活動での「比例」「反比例」を使い分けるようにしましょう。

たとえば，あるアプリが発表されてからの期間と累計ユーザ数が，次の表のようになっていたとします。

表7-4　比例しているか否か（1）

期間（月）	1	2	3	4	5
累計ユーザ数（千人）	8	17	36	65	127

ユーザ数は期間に比例して増加しているといえるでしょうか。期間が増えればユーザ数が増えていますが，各期間でのユーザ数÷期間の値（計算してみましょう）は明らかに大きくなっています。比例しているとはいえません。次の例をみてみましょう。

表7-5　比例しているか否か（2）

期間（月）	1	2	3	4	5
累計ユーザ数（千人）	8	17	25	31	41

ユーザ数÷期間の値（計算してみましょう）がほぼ一定なので，ユーザ数が期間にほぼ比例して増加しているといえます。表7-6の例をみてみましょう。コンピュータの頭脳であるCPUのクロック数（数字が大きいほど高性能）と，ある作業の処理時間をまとめたものです（クロック数以外の条件は同じだとします）。

表7-6　反比例しているか

クロック数（GHz）	1.8	2.0	2.1	3.4	3.6
処理時間（秒）	8.2	6.8	6.6	4.1	3.7

クロック数と処理時間が反比例しているかどうかは，各クロック数でのクロック数×処理時間の値（計算してみましょう）を求めればわかります。この例では，ほぼ一定の値なので，この2つの量はほぼ反比例しているといえます。

3-2 偶然と必然

　自分が分析していようとしている出来事や状況が，珍しいことなのかどうかを判断することは重要です。たとえば，サイコロを振って3回続けて1がでると，珍しいと思う人は多いでしょう。しかし，3回振って目が2, 5, 4となったときには，珍しいとは感じません。実際には，1, 1, 1となることと，2, 5, 4の順となることの確率は同じです。1, 1, 1が珍しくて，2, 5, 4は珍しくないという感覚は，「3回とも同じ目の数になること」と「3回とも異なる目の数になること」のそれぞれの珍しさを，無意識のうちに比較してしまっているのです。確率の理解は，状況を正しく把握するために必須といえます。

3-3 相関と因果関係

　2つの量の変化を散布図で表すと，2つの量に相関があるかどうかがわかります。相関とは，お互いの関係の結びつきの強さを表します。強い相関があるとき，データを表す点の分布は直線に近くなります。相関の強さは，相関係数を求めると判定できます。相関係数は-1から1の間の値になり，0に近いときは，その2つの量には相関がないということになります（図7-2）。図7-4は円／ドルと日経平均株価の関係を，図7-5は気温と日経平均株価の関係を，図7-3をもとにExcelで作成した図です。円／ドルと日経平均株価の相関係数は，「=CORREL（B2:B21,C2:C21）」で求めることができます。その結果，相関係数は0.86で，強い正の相関（一方が増加すると他方も増加する）が

図7-2　相関関係の値

	A	B	C	D
1	日付	円/ドル 終値	日経平均株価 終値	大阪の気温
2	12月5日	121.41	17920.45	6.4
3	12月4日	119.78	17887.21	7.7
4	12月3日	119.77	17720.43	8.1
5	12月2日	119.19	17663.22	6.9
6	12月1日	118.39	17590.10	14.3
7	11月28日	118.61	17459.85	14.6
8	11月27日	117.68	17248.50	13.9
9	11月26日	117.72	17383.58	13.6
10	11月25日	117.97	17407.62	13.6
11	11月24日	118.26	17357.51	14.4
12	11月21日	117.80	17300.86	11.7
13	11月20日	118.20	17288.75	10.5
14	11月19日	117.97	17344.06	10.5
15	11月18日	116.86	16973.80	11.4
16	11月17日	116.64	17490.83	12.4
17	11月14日	116.27	17392.79	11.0
18	11月13日	115.73	17197.05	12.2
19	11月12日	115.47	17124.11	16.2
20	11月11日	115.77	16780.53	15.1
21	11月10日	114.85	16880.38	15.9

図7-3　Excel表（円／ドル・日経平均・気温）

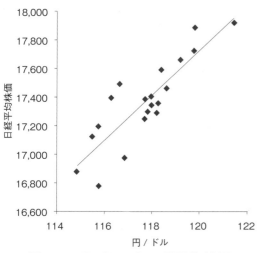
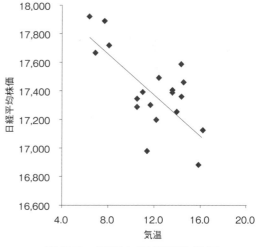

図7-4 円／ドルと日経平均株価　　図7-5 気温と日経平均株価

あり，直線の近くに分布していることがわかります。気温と日経平均株価の相関係数は，「=CORREL（C2:C21,D2:D21）」で求めることができ，その値は-0.71 ですから強い負の相関（一方が増加すると他方は減少する）があることがわかります。

相関係数についての詳細は，データ分析や統計に関する基礎的な本（江見他（2006）など）を読んでください。

相関係数は機械的に求めることができ，相関があるかないかはそれほど手間がかからず判定できます。このようなデータを用いたプレゼンテーションで大事なことは，2つの量に因果関係があるかどうかを説明できるかどうかです。先ほどの例をみて，気温と日経平均株価をグラフにする意味を疑問に思った人もいるでしょう。それは，この2つの量に「気温が低くなると株価が下がる」「株価が下がると気温が下がる」といった因果関係があるとは到底考えられないからです。相関係数が高いからといって，単純に2つの量を結びつけて考えることができるとは限りません。よって考察をする際は，特にこの因果関係に注意をしてください。

> **[コラム]　検定について**
>
> 　この本では扱いませんが，数値データのもつ意味を検証する際には，「検定」という手法を用います。たとえば，AクラスとBクラスで同じ試験を受けたとします。Aクラスは平均70点，Bクラスは平均65点，という結果がでたときに，Aクラスの方がBクラスより優秀といえるでしょうか。この5点差が，クラスのレベルが同程度の場合にはめったに生じないものであるかを，数学的に判定する手法が検定です。検定を学ぶ科目は，ほとんどの大学で開講されています。研究活動をする際に，誤った分析をしないためにも，検定に関する科目を履修することを推奨します。

【考えてみましょう】 ☞ 121-122ページ

Chapter 8 情報発信力向上：図解

　言葉だけでは伝えることが難しい内容も，図解することでわかりやすくなることがあります。最も簡単な例は，数値データの表をグラフ化することです。この章では，図解する際の基本的な考え方について学びます。特に，PowerPoint を使ったプレゼンテーションによる情報発信に焦点を当てます。

1 文章から図解へ

　ビジネスでのプレゼンテーションの目的は，人の意志を変えることです。プレゼンテーションの優劣は，ビジネスチャンスの拡大に直結します。まず，PowerPoint を用いて，プレゼンテーションのスライドを作成する際に，どのような点に注意すべきかを考えてみましょう。

　まずは，プレゼンテーションを見る人の立場になって，どのようなスライドがよくないのかを考えます。多くの文字が書かれたスライドが，見る人にとってわかりにくいことは容易に想像できるでしょう。スライド作成の際に，やってしまいがちな誤りは，レポートの文章をそのままスライドに載せてしまうことです。これでは，スライドに表示された文章を読むだけになってしまい，人の興味をひくことは難しいでしょう。

　スライドで表示する文章は，1枚に7行程度までがよいとされています。箇条書きを用いることも効果的です。道路交通法第32条を少し簡単にした例を挙げてみます。

> 「車両は，法令の規定若しくは警察官の命令により，又は危険を防止するため，停止し，若しくは徐行している車両に追いついたときは，その前方にある車両などの側方を通過して当該車両などの前方に割り込み，又はその前方を横切つてはならない。」

　この文章の構造を箇条書きにしてみましょう。

　① 法令の規定
　② 警察官の命令　　　により，停止もしくは徐行している車両に追
　③ 危険を防止するため　いついたとき

　① 前方へ割込み
　② 前方の横切り　　　をしてはならない。

　長い文章の構造を箇条書きにすることでわかりやすくなります。さらに一歩進めて，図解してみることも効果的です。

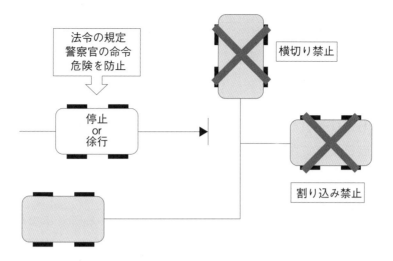

図 8-1　図解による表現の例

以上のように，状況に応じて，文章，箇条書き，図解を使い分けられるようになりましょう。

PowerPoint での図解では，「図形」「SmartArt」「グラフ」を用いることができます（図8-3）。「挿入」タブの「図」グループから選択することができますが，「グラフ」に関しては，Excel で作成したものを図として貼り付ける方がよいので，「グラフ」を選択することはほとんどないでしょう。

図 8-2　PowerPoint で挿入できる図

❷ グラフ

グラフの目的は，大まかに以下のようになります。

①大きさの違いをわかりやすく見せる。
②変化をわかりやすく見せる。
③頻度（起こりやすさ）をわかりやすく見せる。
④関係（相関）をわかりやすく見せる。

Excelでグラフを作成する場合，以下の種類から選択することになります。

図 8-3　Excel のグラフの種類

目的に応じてふさわしいグラフを選びます（図 8-3）。一般的には，大きさの違いは「縦棒」「横棒」，変化は「折れ線」，頻度は「縦棒（ヒストグラム）」，関係は「散布図」を用います。大きさの違いを割合として表示する場合には，「円」や「横棒（帯グラフ）」も用います。

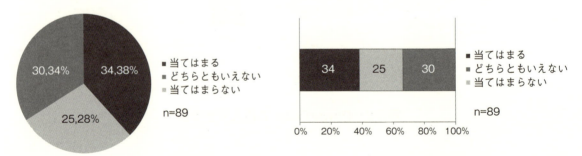

図 8-4　円グラフの例

図 8-5　横棒の例

円グラフは 50％を超えたかどうかが視覚的にわかりやすいため，50％超えであることを示すことが重要なデータの場合は，特に効果的です。横棒は実施時期の異なるアンケート結果などを上下方向に並べることで，変化を示すこともできます。

❸ ダイヤグラム

　図形や SmartArt を用いて，プレゼンテーションで用いるダイヤグラムを作成することができます。

3-1　形と線

　ダイヤグラムの基本的なパーツは形と線です。物を形で表し，関係を線で表すことが一般的でしょう。さまざまな形の使い分け，線の種類と太さの違いなどを工夫することによって，情報が伝わりやすい図となります。2つの物の関係もさまざまです。たとえば，「Aが原因でBが発生する」「AはBの一部分である」「AはBの一種である」などです。AやBをどのような形で表現し，どのような線で結ぶかを考えることは重要です。プレゼンテーションの中では統一したルールで表現するようにしましょう。たとえば，「個人は円」「組織は四角形」「イベントは三角形」「原因と結果の関係は太い矢印」「全体と部分の関係は点線の矢印」などです。

3-2　配　置

　紙の資料であっても，スライドであっても，紙面や画面にさまざまな図形を配置します。何を伝えたいのかによって，配置を工夫するとよいでしょう。配置は実際の場所の違いを伝えるだけでなく，時間の流れを示すこともできます。左から右に時間が流れる図や，上から下に時間が流れる図を描くことができます。

　物の分類をする際には，2つの分類する軸からなる平面上に配置することも効果的です。たとえば，企業を規模と創業年数の2軸で分類した図などです。企業間の関係を矢印で表示したり，企業を色や形で分類するなど情報を追加することもできます。

❹ 集合・論理

「AならばBである」「AならばBでない」「Aの中にBがいる」などを図解する場合にはベン図が便利です。Aが「英語が話せる人」，B「国際的な人」，としていくつか例を挙げます。「英語が話せる人は国際的な人である」が正しい（真である）ということを図で示すと図8-6のようになります。（注：「英語が話せる人は国際的な人である」が現実に正しいかどうかを問題にしているわけではありません。論理的に考える練習をするだけです。以下の記述も同様で，記述内容が現実に正しいかどうかを問題にするわけではありません。）

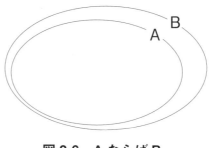

図8-6　AならばB

反対に「国際的な人は英語が話せる人である」が正しいということを，図で示すと図8-7のようになります。

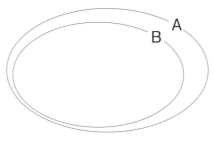

図8-7　BならばA

「AならばBである」が正しいとき，AはBの十分条件といい，BはAの必要条件といいます。

「英語が話せる人ならば国際的な人ではない」を図で示すと図8-8のようになり，英語が話せて国際的な人は存在しないことになります。

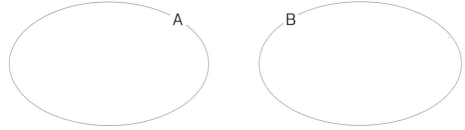

図8-8　AならばBでない（BならばAでない）

「英語が話せる人の中に国際的な人がいる」を図で示すと図8-9のようになり，英語が話せて国際的な人がいるということになります。

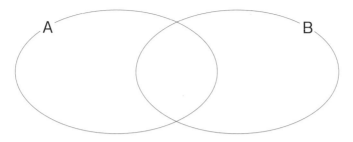

図8-9　AのなかにBがいる（BのなかにAがいる）

また，この図において，「英語が話せるまたは国際的な人」，すなわち「AまたはB」「A or B」を表すのは図8-10の領域です。

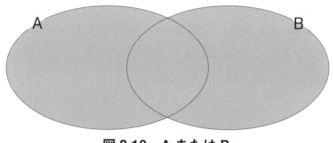

図8-10　AまたはB

「英語が話せるかつ国際的な人」，すなわち「AかつB」「A and B」を表す領域は図8-11のようになります。

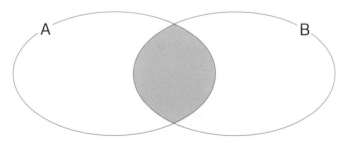

図8-11　AかつB

また，「海外留学をする人」の集まりをCで表すとしたとき，「英語が話せるまたは国際的な人であれば，海外留学をする人である」が正しいことを表す図は図8-12のようになります。

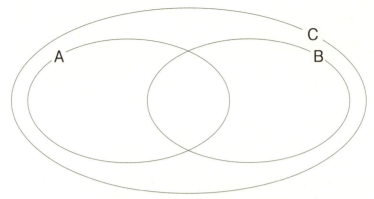

図 8-12　AまたはBならばC

「英語が話せてかつ国際的な人であれば，海外留学をする人である」が正しいことを表す図は図8-13のようになります。この場合，英語が話せる人や国際的な人が，すべて海外留学するわけではないことに注意してください。

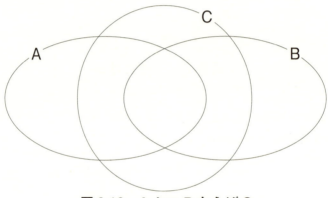

図 8-13　AかつBならばC

「海外留学をする人であれば，英語が話せる人か国際的な人である。」「海外留学をする人であれば，英語が話せてかつ国際的な人である」が正しいことを表す図は，図8-14, 15のようになります。

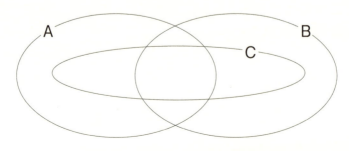

図 8-14　CならばAまたはB

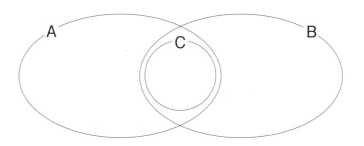

図8-15　CならばAかつB

練習してみましょう。次の2つの記述で正しいのはどちらでしょうか。
① 「カフェインの含まれている飲み物は眠気をとる。コーヒーは眠気をとる飲み物である。したがってコーヒーにはカフェインが含まれている。」
② 「カフェインの入っている飲み物は眠気をとる。コーヒーにはカフェインが含まれている。したがってコーヒーは眠気をとる飲み物である。」

　①は論理的に正しくない記述です。A「カフェインが含まれている飲み物」B「眠気をとる飲み物」C「コーヒー」として，図を描いてみましょう。②は「AならばB」と「CならばA」の図から「CならばB」となっていることがわかりますが，①は「AならばB」と「CならばB」の図から「CならばA」が正しいとはいえないことがわかるでしょう。

　最後に，「対偶」について説明します。「英語が話せる人ならば国際的な人である」と「国際的な人でなければ英語が話せる人でない」は同じことを別の言い方で表現しています。このような「AならばBである」と「BでなければAでない」の関係を対偶といいます。「～でない」のような否定の言葉が多すぎると，意味が伝わりにくくなることがあります。対偶を使って表現を変えることで，伝わりやすくなる場合もあります。「AでないならばBである」の対偶は「BでなければAである」ですし，「AならばBでない」の対偶は「BならばAでない」です。伝わりやすい表現を用いましょう。

　プレゼンテーションの際に，自分の主張が成立するための条件を列挙して説明する際には，必要条件と十分条件のどちらなのか，すべての条件を満たさなければいけないのか，いずれかの条件を満たせばよいのか，などをはっきりさせましょう。ベン図などを使って視覚的に説明することは効果的です。

❺ 業界研究のプレゼンテーション

　これまでに学んだ，ビジネスの，ヒト，モノ，カネ，情報，ビジネスと深く関わる行政，法律の知識，データの扱いや表現方法を活かして，自分の興味ある業界を研究し，その結果をプレゼンテーションしてみましょう。レポートとしてまとめることも，今後の就職活動につながり，意味があることです。

　さまざまなプレゼンテーションのやり方があると思いますが，ここでは，自分がその業界に就職した場合，その会社に対してどのように利益をもたらすことができるのかを最後のスライドに示すことにします。

スライド1　業界の概要
- 何をすることで利益を得る業界か
- 誰を相手にしたビジネスか（BtoB or BtoC）

スライド2　業界の歴史
- 創業からの流れ，現在の企業数や市場規模

スライド3　代表的な企業の紹介と比較
- 経営状況などのデータの比較
- 興味深い取り組みの紹介

スライド4　顧客・他業界とのつながり
- 顧客獲得の工夫（広報戦略）
- 取引先企業

スライド5　業界全体の問題点

スライド6　自分なら何ができるか
- ビジネスプランの提案

　企業間のつながり，ヒトと企業のつながり，モノやカネの流れ，さまざまな数値データなどの表現や，ビジネスプラン提案の論理展開をするときには，この章と前の章で学んだことを活かしてみましょう。

【考えてみましょう】☞ 123-126ページ

【考えてみましょう】☞ 11 ページ

● アルバイト先で後輩に仕事を教える立場になって考えてみてください。なかなか仕事をしてくれない後輩に、やる気をもって仕事をしてもらうために、あなたはどのような工夫をしますか。

【考えてみましょう】☞ 15 ページ

❶ メタファーとはなんでしょうか。

---

❷ 科学的に管理するということについて、身の回りにどのようなものがあるか考えてください。

---

❸ みなさんが普段生活している中で、官僚制組織の特徴が具体的に現れている様子をいくつか挙げてください。

---

❹ 機械的組織とはどのような組織の見方でしょうか。

📝 【考えてみましょう】☞ 17ページ

❶ 科学的管理法が疑問視されるようになったのはなぜでしょうか。

❷ 経済人モデルの限界を指摘するようになった実験について説明してください。

❸ 経済人モデルの見方の限界から誕生した人間モデルを何というでしょうか。また，その人間モデルはどのようなものか説明してください。

❹ 機械的組織の次に誕生する組織のメタファーについて説明してみてください。

❺ アルバイト先の職場などでの体験を踏まえながら，みなさんの所属組織での非公式なグループや非公式な規範にはどのようなものがあるか挙げてみましょう。

【考えてみましょう】☞ 19 ページ

❶ 自己実現人モデルが考えられるようになった背景や理由はどのようなものですか。

❷ マズローの欲求階層説について説明してください。

【考えてみましょう】☞ 20 ページ

❶「ユニクロ」のホームページを検索して,「ヒト」に対する会社の考え方や制度,マネジメントなどを調べてみましょう。

❷「ユニクロ」と他の企業を1つ選び,「ヒト」のマネジメントに関して調べ,比較してみましょう。

✎ 【考えてみましょう】☞ **39 ページ**

❶ 商品,製品,サービスの違いについて,それぞれ説明してみましょう。

❷ セオドア・レビットが述べた,マーケティングに関する有名な話は,どのような内容でしょうか。

❸ 無形で即自的にしか利用できないものが「サービス」ですが,サービス業としてはどのようなものがあるでしょうか。

❹ 商品開発のプロセスについて説明してみましょう。

❺ 28ページでは，衣料品市場のポジショニングが，デザイン性（ベーシック／ファッション）と販売価格（高価格帯／低価格帯）を軸に説明されていますが，例えばスポーツ飲料市場をスポーツ度（低い：一般的／高い：アスリート向け）と機能性（健康志向／即効性）を軸に説明してみましょう。

DAKARAはスポーツ度が（　　　　　），健康志向が（　　　　　）。
アクエリアスはスポーツ度が（　　　　　），即効性が（　　　　　）。
ポカリスエットはスポーツ度が（　　　　　），即効性・健康志向については（　　　　　）。

❻ 差別化戦略の説明として正しいものを下から一つ選んでください。
　㋐ 特定の市場に経営資源を集中させることで，その市場での競争優位を作り出す戦略
　㋑ 同じ製品でもカラーバリエーションを増やすなどして，より多くの顧客を惹きつけようとする戦略
　㋒ 競合他社よりも，極力，低コストで製品を提供し，高いシェアを獲得する戦略
　㋓ 他社にない自社独自の技術やノウハウで製品（商品）開発を行い，顧客に提供する戦略
　㋔ 有名タレントや話題の人物をCMや広告に起用し，顧客の関心を惹きつけようとする戦略

❼ 他社との競争に勝つための一つの方法が，「他社にはない商品を作る」ことであると説明されていますが，独自の技術で他社にはない商品を作り出した例を調べてみましょう。[🔍]

---

❽ SIPSについて説明してください。

---

❾ 1990年代以降，インターネットの普及に伴い，インターネットで商品を購入する機会が増えてきていますが，みなさんはインターネットショッピングをした経験はありますか。ある場合，どのようなものを購入しましたか。そして，インターネットショッピングの利点を考えてみましょう。

【考えてみましょう】　107

❿ あなたの身の回りで，マーケティング活動が成功していると思われる事例を2つ取り上げ，マーケティング・ミックス（4P）のうち，どの要素が優れていると思うのか，下記の例に従ってその具体的な理由について答えてください。

企業例	商品	選んだ理由	マーケティング・ミックスの4P			
			製品(Product)	価格(Price)	流通チャネル(Place)	プロモーション(Promotion)
ユニクロ	ヒートテック，エアリズム	世界中でたくさん売れている（他社にない製品）	性能のよさ（真冬でも暖かい，真夏でも涼しい）	安価	駅前にも進出し，買いやすい	毎週のように新聞チラシが出ている
餃子の王将	餃子	とても美味しい	味のよさ，量の多さ	他社より安価	特になし	テレビコマーシャル（食の王将，餃子1日200万個）

108

【考えてみましょう】 ☞ 45 ページ

❶ 株式会社と簿記・会計の発展について歴史的に考察してみましょう。

❷ 会計における説明責任とはどのようなものでしょうか。

❸ 企業が公表する会計資料にはどのようなものがあるでしょうか。

❹ 会計を取り巻く法律には，どのような法律があるでしょうか。

❺ 企業が公表している会計資料は，どのようにして閲覧できるでしょうか。

【考えてみましょう】 ☞ 51ページ

❶ 企業グループ全体の経営成績や財政状態を明らかにする報告書を2つあげなさい。

　　..

　　..

❷ ファースト・リテイリングの事業を3つあげなさい。

　　..

　　..

　　..

❸ ファースト・リテイリングの中期ビジョン（目標）は何ですか。

　　..

　　..

❹ 海外ユニクロ事業について，2011年の売上高を100％とすると2013年には約2.68倍と急激に増加したことになりますが，それはなぜですか。

　　..

　　..

❺ ファースト・リテイリングの事業のうち，営業利益の構成比を上げている事業をあげなさい。

　　..

　　..

❻ ファースト・リテイリングの売上高営業利益率を支えているのは，どの事業ですか。

　　..

　　..

❼ 株式会社ユニクロの収益性について，下記の文章の空欄を埋めなさい。
　収益性については，全体的に（　　　　　　　　　　）です。収益性の総合指標としての（　　　　　　　　）は減少しています。2013年には24.4％となり，16.4％減少しました。（　　　　　　　　　　）は，2013年に14.2％に減少しました。その低下の原因は，消費者の（　　　　　　　　）に応えるために，（　　　　　　　　　　）に人気が集中したこと，販売不振商品の（　　　　　　　　）をしたことです。（　　　　　　　　　　　　）については，2013年に1.72回に低下しました。その低下の原因は，流動資産が前年の1.80倍，純資産が1.89倍になったためです。

【考えてみましょう】 ☞ 56 ページ

❶ 日本の代表的な銀行を三つ（三大メガバンク）挙げ，その持株会社名を調べてみましょう〔🔍〕。

❷ 日本の代表的な証券会社をいくつか挙げて，その持株会社名を調べてみましょう〔🔍〕。

❸ 日本経済新聞などのウェブサイトで，会社の時価総額の上位ランキングを確認しましょう〔🔍〕。

◆ 【考えてみましょう】☞ **60 ページ**

❶販売管理システムや仕入れ管理システムの中で,「バーコード」を使うことについて述べましたが,現在,日本で使われているバーコードの種類について調べてみましょう。また,日本で全国共通に使われているバーコードについて,その名称や桁数,さらには各桁における数値の意味について,ネットなどで調べてみましょう〔🔍〕。

①日本で使われているバーコードの種類とは

②日本で全国共通に使われているバーコードについて,その名称や桁数,さらには各桁における数値の意味とは

❷「1-2 情報を駆使した新しい経営形態」の中で,「従来型の製造業や卸売業の段階で発生する流通コスト」という文章がありますが,これはどのようなものなのかを調べてみましょう〔🔍〕。

【考えてみましょう】☞ 65 ページ

❶ 商品を効率よく知ってもらうためにはどうしたらよいでしょうか。身近な例を挙げ，有料のメディア〔🔍〕，ソーシャルメディア〔🔍〕，オウンドメディア〔🔍〕に分類してみましょう。また，それぞれの特徴ある広告例を挙げてみましょう。

❷ もしも企業が不祥事を起こしてしまった場合，広報はどのような役割を担うと思いますか。実例〔🔍〕を挙げて，考えてみましょう。

❸ ブランディングが成功している企業を2つ挙げ〔🔍〕，CI や CSR を調べて比較してみましょう。なお，1つは老舗の企業を入れてください。

【考えてみましょう】☞ 68ページ

❶ コンテンツの実例（コンテンツ・タイトル）を挙げてマルチウィンドウの展開例を調べてみましょう〔🔍〕。

❷ コンテンツ利用ビジネスとして，「コンテンツマーケティング」や「コンテンツツーリズム」がありますが，これらについて調べてみましょう〔🔍〕。

【考えてみましょう】☞ 70ページ

● 契約はどのように成立しますか，また契約が守られなかった場合には，どのよう手段をとることができますか〔🔍〕。

①契約の成立とは。

②債務不履行の際に選択できる手段とは。

【考えてみましょう】☞ 72ページ

❶ 会社とは，法律上どのような組織と定義されているでしょうか。また，会社であるために求められる要件とはどのようなことですか〔🔍〕。

①会社の定義

②会社の要件とは

❷ 会社の中で株式会社は，他の会社と比べてなぜ数が多くなっていったのでしょうか〔🔍〕。

①株式会社発展の理由とは

❸ 株式会社の出資と経営の分離とはどのようなことですか〔🔍〕。

①株式会社の出資者とは

②株式会社の業務執行するのは誰

【考えてみましょう】 ☞ 74ページ

● 労働者とは法律上どのような人を意味するのでしょうか，そして，人を雇用する際に法律上どのような点に注意すればよいのでしょうか〔🔍〕。

①労働者とはどのような人。

②人を雇用する際に注意すべき内容とは。

✏️ 【考えてみましょう】 ☞ 79ページ

● みなさんのアルバイト先の改善すべき点をみつけて，作業環境管理と作業管理に分けて箇条書きに問題点を挙げて，その改善案を立案してみましょう。

①作業環境管理
　●問題点：

　●改善案：

②作業管理
　●問題点：

　●改善案：

◆ 【考えてみましょう】☞ 86 ページ

❶ 担当大臣のトップである総理大臣の名前を記入しましょう。

---

❷ 総理大臣の補佐役である官房長官の名前を記入しましょう。

---

❸ 下記の空欄に適切な言葉を記入しましょう。

〈省庁名〉	〈省庁のトップ〉
(1)	財務大臣
総務省	(2)
(3)	外務大臣
(4)	文部科学大臣
(5)	厚生労働大臣
経済産業省	(6)
環境省	(7)
法務省	(8)
(9)	復興大臣
(10)	少子化・行政改革担当大臣

❹ 以下の問題文は正しければ○，誤っていれば×を記入しましょう。
①個人情報とは，個人に関する全般をさす情報である。……………………………（　　）
②個人情報とプライバシーは同じものである。………………………………………（　　）

❺ 以下の問題文は正しければ○，誤っていれば×を記入しましょう。
①個人情報取扱事業者に該当したならば，必ず，個人情報保護法を守らなければならない。
……………………………………………………………………………………………（　　）
②5,000人分を超える個人情報を事業活動で利用する者は，個人情報取扱事業者なので，必ず，個人情報保護法を守らなければならない。…………………………………（　　）

❻ 以下の事例問題について，設問に答えなさい。

> 厳しい就職戦線を勝ち抜き，2018年4月に，あるアパレル会社に入社した守口君の話です。この会社の所定労働時間は，(a) 法定労働時間であり，また土曜日と日曜日が休みでした。
> 守口君の仕事内容は，自社の商品を購入した (b) お客様（約10,000人）に，新商品のカタログを送ることでした。4月は特に新商品が発売されるので，守口君は出勤日には毎日，(c) 所定労働時間外として2時間働きました。守口君の時給は1,000円でしたので，給与日を楽しみにしていました。さぁ，待ちに待った新入社員として初めての給与日が来ました。
> 銀行振り込みなので，会社から給与明細書をもらい，封を開けました。その瞬間，目の前が真っ暗になり，ショックで倒れそうになりました。
> それもそのはずです。守口君が毎日，必死に仕事をしたにも関わらず，時間外手当が給与明細書に掲載されていなかったのです。先輩に相談したところ，(d) この会社では，時間外手当はなぜか支払われないとのことでした。守口君は，何とか時間外手当も受け取りたいのですが……。

問1　下線部（a）の法定労働時間は何時間ですか。

問2　下線部（b）の仕事をするにあたり，気をつけなければならない法律とは何でしょうか。

問3　下線部（c）から，守口君が4月に受け取るべき本来の1日あたりの給与はいくらでしょうか。時間外労働手当を通常賃金の2割5分（25％）の割増とします。

問4　下線部（d）のような場合，どのような行政機関に相談すればよいのでしょうか。行政機関の名称を書きなさい。

❶ 次の量を，A：数える量，B：大きさを表す量，C：度，D：率に分類してみましょう〔🔍〕。
①時給（　　　）②視聴率（　　　）③画素（　　　）④面積（　　　）⑤出生率（　　　）
⑥為替レート（　　　）⑦ビット（　　　）⑧通信速度（　　　）⑨燃費（　　　）⑩ジニ係数（　　　）

❷ 以下の考え方はどこが間違っているでしょうか。

> Aゼミは11人中5人が海外旅行経験者，Bゼミは13人中6人が海外旅行経験者です。Aゼミの海外旅行経験率は $\frac{5}{11}$，Bゼミの海外旅行経験率は $\frac{6}{13}$，AゼミとBゼミを併せた海外旅行経験率は24人中11人で $\frac{11}{24}$ です。AゼミとBゼミを併せたら $\frac{11}{24}$ ですから，$\frac{5}{11} + \frac{6}{13} = \frac{11}{24}$ と表すことができ，分数の足し算は，分母同士と分子同士を足し算すればよいことがわかります。

❸ 勤務時間中に15分程度の昼寝を社員に推奨する企業があります。昼寝の効果を検証する実験をする際に，注意するべきことを箇条書きで記してみましょう。

❹ サッカーをテレビで見ていたとき，実況アナウンサーが「このチームは先制すると強いです」といいました。しかし，このチームに限らず，どのチームであっても先制したら勝つ可能性が高いと考えられます。先制すると強いということが，このチームの大きな特徴であることは，何を調べれば示すことができるでしょうか。

❺ 以下の表のユーザ数の増え方を言葉で説明してみましょう。

期間（月）	1	2	3	4	5
累計ユーザ数（千人）	8	17	36	65	127

❻ 日本の人口はおよそ1億2千万人ですから，先頭の数字（一番上の桁）は1です。各国の人口は，先頭の数字が1, 2, 3となる国が多く，7, 8, 9となる国は少なくなります。その理由はなんでしょうか。

◆ 【考えてみましょう】☞ 102 ページ

❶ 次の文章を図解してみましょう。

> 「私には妻と子どもが1人いる。私には結婚している妹がいて，子どもが2人いる。私の妻には結婚している弟がいて，子どもが1人いる。私の父親には姉が1人と弟が2人おり，下の弟は祖父とその再婚相手との子どもである。」

● また，図解するときに気をつけたこと（自分で定めたルール）は何ですか。

● この問題において，自分で定めたルールで表現することが難しかった点は何ですか。

❷ 家電リサイクル法に関する説明を図解してみましょう。

○ 家庭用エアコン　○ テレビ　○ 電気冷蔵庫・電気冷凍庫　○ 電気洗濯機・衣類乾燥機

以上の家電4品目について，小売業者による引取り及び製造業者等（製造業者，輸入業者）による再商品化等（リサイクル）が義務づけられ，消費者（排出者）には，家電4品目を廃棄する際，収集運搬料金とリサイクル料金を支払うことなどをそれぞれの役割分担として定めています。

また，製造業者等は引き取った廃家電製品の再商品化等（リサイクル）を行う場合，定められているリサイクル率（50-70％）を達成しなければならないとともに，フロン類を使用している家庭用エアコン，電気冷蔵庫・電気冷凍庫，電気洗濯機・衣類乾燥機（ヒートポンプ式のもの）については，含まれるフロンを回収しなければなりません。

国の役割としては，リサイクルに関する必要な情報提供や不当な請求をしている事業者等に対する是正勧告・命令・罰則の措置を定めています。

そのほか，消費者から特定家庭用機器廃棄物が小売業者から製造業者等に適切に引き渡されることを確保するために管理票（マニフェスト）制度が設けられており，これによりリサイクルが確実に行われているかどうかを消費者からも確認することができるシステムとなっています。

❸ 以下のナポリタンの作り方を図解してください。

材料（一人分）
パスタ80g〜100g　　玉ねぎ半分　　ウインナー2個
バター又はマーガリン大さじ1
ケチャップ大さじ2〜3　マヨネーズ小さじ1　コンソメ半分　とろけるチーズ大さじ2

①お湯に塩を大さじ1程度いれてパスタを茹でる。
②バターで玉ねぎを軽く炒めてからウインナーを入れ炒める。
③ケチャップを入れ，マヨネーズ・コンソメ・茹で汁（大さじ3）を入れて炒め，チーズをお好みで加える
④茹で上がったパスタをフライパンへ入れ，1分程度炒める。

❹ あるクラスで好きな果物について調べたところ，次の㋐〜㋓のことがわかった。

㋐メロンが好きなものは，レモンが好きではない。
㋑ミカンが好きなものは，スイカが好きである。
㋒レモンが好きなものの中には，ミカンが好きなものがいる。
㋓ミカンが好きなものの中には，メロンが好きなものがいる。

これから確実にいえるのはどれか。

1) ミカンが好きなものは，メロンが好きである。

2) ミカンが好きなものは，レモンが好きである。

3) スイカが好きなものは，4つの果物がいずれも好きである。

4) メロンが好きなものの中には，スイカが好きなものもいる。

5) スイカだけ好きなものもいる。

【Chapter 0 参考文献】

上林憲雄・奥林康司・團　泰雄・開本浩矢・森田雅也・竹林　明（2007）『経験から学ぶ経営学入門』有斐閣.

藤本隆宏（2004）『日本のもの造り哲学』日本経済新聞出版社.

【Chapter 1 参考文献】

金井壽宏（1999）『経営組織』日本経済新聞出版社.

岸田民樹・田中政光（2009）『経営学説史』有斐閣.

【Chapter 2 参考文献】

小川孔輔（2009）『マーケティング入門』日本経済新聞社.

コトラー，P.・アームストロング，G.／和田充夫［監訳］（2003）『マーケティング原理─基礎理論から実践戦略まで〔第9版〕』ダイヤモンド社.

コトラー，P.・ケラー，K. L.／恩藏直人［監修］月谷真紀［訳］（2008）『コトラー＆ケラーのマーケティング・マネジメント〔第12版〕』ピアソン・エデュケーション.

ポーター，M. E.／土岐　坤・服部照夫・中辻万治［訳］（1982）『競争の戦略』ダイヤモンド社.

レビット，T.／土岐　坤［訳］（1980）『マーケティング発想法』ダイヤモンド社.

Moore, G. A. (1991) *Crossing the chasm: Marketing and selling disruptive products to mainstream customers*, HarperBusiness（ムーア，G. A.／川又政治［訳］（2002）『キャズム─ハイテクをブレイクさせる「超」マーケティング理論』翔泳社）.

Zeithaml, V. A., Parasuraman, A. & Berry, L. L. (1985) "Problems and strategies in services marketing", *Journal of Marketing*, **49**, 33-46.

【Chapter 4 参考文献】

川嶋幸太郎（2012）『図解ユニクロ─ユニクロが日本のビジネスを変える！』中経出版.

栗田朋一（2014）『最強のPRイノベーターが教える 新しい広報の教科書』朝日新聞出版.

経済産業省（2014）『コンテンツ産業の現状と今後の発展の方向性』〈http://www.meti.go.jp/policy/mono_info_service/contents/downloadfiles/1401_shokanjikou.pdf〉（閲覧年月日：2015.8.6.）.

デジタルコンテンツ協会［編］（2013）『デジタルコンテンツ白書2013』デジタルコンテンツ協会.

波田浩之（2007）『この1冊ですべてわかる 広告の基本』日本実業出版社.

木村　誠（2007）「第6章　コンテンツビジネスの基本モデル」長谷川文雄・福富忠和［編］『コンテンツ学』世界思想社.

【Chapter 5 参考文献】

愛知産業保健推進センター（2003）『2003年版　産業保健ハンドブック』愛知産業保健推進センター.

池田真朗・犬伏由子・野川　忍・大塚英明・長谷部由紀子（2012）『法の世界へ〔第5版〕』有斐閣.

笠井　修・鹿野菜穂子・滝沢昌彦・野澤正充（2006）『はじめての契約法〔第2版〕』有斐閣.

厚生統計協会（2008）『図説　国民衛生の動向』厚生統計協会.

坂田桂三・根田正樹（2009）『会社法の基礎知識─基本から最新トピックスまで現代の会社法を読み解く30講』学陽書房.

山川一陽・根田正樹（2012）『ビジネス法務の基礎知識〔第2版〕』弘文堂.

【Chapter 7 参考文献】

江見圭司・江見善一・矢島　彰・石川高行・中西祥彦（2006）『基礎数学のABC─集合・確率統計・幾何がビジュアルにわかる』共立出版.

気象庁〈http://www.jma.go.jp/〉（閲覧年月日：2014.12.10.）.

遠山　啓（1972）『数学の学び方・教え方』岩波新書.

【Chapter 8 参考文献】

環境省〈http://www.env.go.jp〉（閲覧年月日：2014.12.10.）.

高橋昭男（1993）『ザ・テクニカルライティング─ビジネス・技術文章を書くためのツール』共立出版.

執筆者紹介（*は編者）

*佐藤智明（さとう・ともあき）
大阪国際大学グローバルビジネス学部教授，名古屋市立大学大学院医学研究科単位取得満期退学・博士（医学），専攻は衛生学，運動生理学，初年次教育，Chapter5-4 を担当。

*矢島　彰（やじま・あきら）
大阪国際大学グローバルビジネス学部教授，京都大学大学院理学研究科博士後期課程修了・博士（理学），専攻は情報教育，理数教育，初年次教育，学習支援システム，Chapter7・8 を担当。

*髙橋泰代（たかはし・やすよ）
大阪国際大学グローバルビジネス学部教授，愛知工業大学大学院経営情報科学研究科博士後期課程修了・博士（経営情報科学），専攻は会計学，Chapter3-1 担当。

*安高真一郎（あたか・しんいちろう）
大阪国際大学グローバルビジネス学部准教授，早稲田大学大学院情報生産システム研究科博士後期課程修了・博士（工学），専攻は経営情報学，管理会計，ソフトコンピューティング，Chapter2 の編集を担当。

*山本明志（やまもと・めいし）
大阪国際大学グローバルビジネス学部講師，大阪大学大学院文学研究科博士後期課程修了・博士（文学），専攻は東洋史，Chapter2 の編集を担当。

安保克也（あんぽ・かつや）
大阪国際大学グローバルビジネス学部准教授，日本大学国際情報研究科修士課程修了・修士（国際情報），専攻は憲法，情報法，行政法，Chapter6 を担当。

石井康夫（いしい・やすお）
大阪国際大学グローバルビジネス学部教授，大阪府立大学大学院経済学研究科博士後期課程修了・博士（経済学），専攻はマーケティング論，消費者行動論，経営戦略論，経営組織論，企業統治論，Chapter2 を担当。

市川直樹（いちかわ・なおき）
大阪国際大学グローバルビジネス学部教授，兵庫県立神戸商科大学大学院経営学研究科博士後期課程退学（商学修士），専攻は会計学，Chapter3-2 を担当。

稲泉綾二（いないずみ・りょうじ）
大阪国際大学グローバルビジネス学部教授，デジタルハリウッド大学大学院デジタルコンテンツ研究科修士課程修了・デジタルコンテンツマネージメント修士，専攻はコンテンツプロデュース，コンテンツビジネス，情報文化政策，Chapter4-3 を担当。

小泉大輔（こいずみ・だいすけ）
大阪国際大学ビジネス学部講師，神戸大学大学院経営学研究科博士後期課程修了・博士（経営学），専攻は人的資源管理論，経営組織論，イントロダクション・Chapter1 を担当。

外島健嗣（そとじま・けんじ）
大阪国際大学グローバルビジネス学部准教授，近畿大学大学院商学研究科博士後期課程単位取得退学・修士（商学），専攻は証券市場論，ファイナンス，Chapter3-3 を担当。

中山実郎（なかやま・じつろう）
大阪国際大学グローバルビジネス学部教授，明治大学大学院法学研究科博士前期課程修了・修士（法学），専攻は民法，消費者法，Chapter5-1・5-2・5-3 を担当。

福田真規夫（ふくだ・まきお）
大阪国際大学グローバルビジネス学部教授，大阪大学大学院基礎工学研究科博士後期課程修了・博士（工学），専攻はシステム創成で主にヒューマンインタフェースを研究，Chapter4-1 を担当。

森友令子（もりとも・れいこ）
大阪国際大学グローバルビジネス学部講師，神戸芸術工科大学大学院芸術工学研究科芸術工学専攻博士後期課程単位取得満期退学・博士（芸術工学），専攻はデザイン学，芸術学，感性情報学，初年次教育，Chapter4-2 を担当。

※本書の指導者用マニュアル（PDFファイル）を希望される方はkotohajime@oiu.ac.jpへお問合せください。本書に対するご意見・ご感想および今後の改訂に際してのご希望・ご要望もお待ちしております。

業界研究　学びのことはじめ
キャリア・エデュケーション・ワークブック

2016年4月10日　　初版第1刷発行

編　者　佐藤智明
　　　　矢島　彰
　　　　高橋泰代
　　　　安高真一郎
　　　　山本明志
発行者　中西健夫
発行所　株式会社ナカニシヤ出版
〒606-8161　京都市左京区一乗寺木ノ本町15番地
　　　　　　telephone　075-723-0111
　　　　　　facsimile　075-723-0095
　　　　　　郵便振替　01030-0-13128
　　　URL　http://www.nakanishiya.co.jp/
　　e-mail　iihon-ippai@nakanishiya.co.jp

装幀＝白沢　正／印刷・製本＝ファインワークス
Copyright © 2016 by T. Sato, A. Yajima, Y. Takahashi, S. Ataka & M. Yamamoto
Printed in Japan.
ISBN978-4-7795-1027-4

本書のコピー，スキャン，デジタル化等の無断複製は著作権法上の例外を除き禁じられています。本書を代行業者等の第三者に依頼してスキャンやデジタル化することはたとえ個人や家庭内の利用であっても著作権法上認められていません。